मैं क्यों लिखता हूँ?

मैं क्यों लिखता हूँ?

यशपाल

सम्पादिका

श्रीमती मीना आनन्द

वाणी प्रकाशन

वाणी प्रकाशन
4695, 21-ए, दरियागंज, नयी दिल्ली 110 002
शाखा
अशोक राजपथ, पटना 800 004
फ़ोन: +91 11 23273167 फ़ैक्स: +91 11 23275710
www.vaniprakashan.in
vaniprakashan@gmail.com

MAIN KYON LIKHTA HOON
by Yashpal
Edited by Srimati Meena Anand

ISBN : 978-93-5000-509-5
Criticism

www.viplava.com
संशोधित संस्करण

मूल्य : ₹100

आर. टेक ऑफ़सेट, दिल्ली-110095 में मुद्रित

वाणी प्रकाशन का लोगो मक़बूल फ़िदा हुसेन की कूची से

अनुक्रम

इस पुस्तक की भूमिका के विषय में

आज पापा की 80th (अस्सीवीं) सालगिरह है। बरेली सेन्ट्रल जेल में, अपने जन्मदिन पर उन्होंने डायरी में कुछ पन्ने लिखे थे। जन्मदिन की कहानी, 3 दिसम्बर, 1936 में—

जन्मदिन मनाने का अब रिवाज़-सा चलता जाता है। लेकिन मुझे समझ नहीं आता कि इसकी क्या ज़रूरत है, इसमें क्या सार है? कुछ लोगों के जीवन से संसार और समाज को थोड़ा या अधिक लाभ पहुँचा है, उन लोगों के प्रति या श्रद्धा प्रकट करने के लिए समाज उनका जन्मदिन मनाता है। उस दिन को मुबारक समझता है जिस दिन वे कल्याणकारी जीव संसार में अवतीर्ण होते हैं। कुछ ऐसे भी भले लोग हैं जो स्वयं ही अपना जन्मदिन मनाते हैं। मुझे ऐसे लोगों के प्रति कुछ भी श्रद्धा नहीं। अच्छा उदाहरणतः मैं अपना जन्मदिन मनाऊँ तो किस वजह से? आज के दिन 3 दिसम्बर, सन् 1903 में 33 बरस पूर्व, संसार के करोड़ों मनुष्यों में मैं सम्मिलित हो गया था। उस दिन से लेकर आज तक मुझसे किसी को क्या लाभ पहुँचा है?

बड़ी अनिच्छा से, जबरन मैं यह पंक्तियाँ लिखने का यत्न कर रहा हूँ। क्यों? शायद इसलिए कि मैं अपने आपको देखना चाहता हूँ। हम आईने में अपना मुँह प्रायः रोज ही देखते हैं, पर उसमें केवल अपनी त्वचा या नख-शिख देख पाते हैं। प्रत्यक्ष रूप से परे जो हमारे जीवन का अस्तित्व है उसे हम न देख पाते हैं न देखने की चिन्ता करते हैं। आज अपने आपको या अपनी व्यतीत जीवनी को देखने की इच्छा-सी हो रही है।

क्या मेरी यह व्यतीत जिन्दगी सब व्यर्थ और विफल रही है? यदि मैं यह समझ लूँ कि मैं संसार में किसी महान् उद्देश्य की पूर्ति के लिए आया था तो अवश्य मैं विफल या व्यर्थ रहा हूँ। लेकिन इस संसार में असंख्य मनुष्य हैं। सभी तो असाधारण उद्देश्य को पूरा करने नहीं आते। मजा यह है कि अधिकांश मनुष्य अपने आप को असाधारण ही समझते हैं और यदि वे लोग कुछ विशेष सफलता नहीं प्राप्त कर सके तो इसका कारण वे कुछ विशेष घटना या परिस्थिति को ही समझते हैं। यदि चाहूँ तो मैं भी ऐसा ही समझ सकता हूँ। लेकिन यह विश्वास

जमाने की क्या ज़रूरत है कि मैं असाधारण रूप से योग्य या असाधारण उद्देश्य की पूर्ति कर विधायक होकर आया था? साधारण रूप से आराम से जीवन के दिन बिता सकने का सरअंजाम मैं नहीं कर पाया। उसके लिए मैंने कुछ यत्न भी अधिक नहीं किया।

इस दिसम्बर की बारिश की रात में एक छोटे बाग से घिरे आधुनिक आराम के साधनों से युक्त छोटे बँगले में प्रिया को लेकर चैन से नहीं लेट रहा हूँ। बल्कि जेलखाने की एक छोटी बैरक में बन्द हूँ। यद्यपि मुझे सुख के साधनों का शौक है, जीवन की बहार जिसे लोग कहते हैं, उसे देखने की चाह अब भी मेरे मन में सोई हुई है। हालाँकि मेरी उमर काफी हो गयी है परन्तु मैं अपनी इस बन्दी हालत के कारण बिसूरने नहीं बैठता। क्यों?

शायद मैं कुछ बेपरवाह हूँ। ठीक है, मनुष्य का स्वाभाविक असन्तोष प्रकृति में पाकर भी मुझमें तटस्थता की कुछ मात्रा मौजूद है। फिर एक दूसरा सन्तोष यह है कि मैंने इस त्याग के मार्ग को खुद ही तो चुना था। मैं इस त्याग को पूर्ण त्याग नहीं कहूँगा। त्याग कर सकने की एक चाह भी मनुष्य को सुख पहुँचाती है। भय की परवाह न कर उचित मार्ग अवलम्बन करने की एक प्रवृत्ति हमारे नितान्त संकीर्ण स्वार्थ या केवल पेट की चिन्ता से हमें कुछ ऊपर उठा लेती है। मैंने इस प्रवृत्ति को प्रश्रय दिया था। कुछ-कुछ अभिमान के साथ, मैं अनुभव करता हूँ कि मैं नितान्त निम्न कोटि का मनुष्य नहीं हूँ और यह अनुभूति सुख-साधनों की प्राप्ति और उमंगों या जीवन की बहार को लूटने के अवसर के अभाव की उपेक्षा कर जाने में काफी सहायक होती है।

यदि एक दिन ऐसे ही यह जिन्दगी खत्म हो जाये तो? तो उसमें क्या है? चार आदमी मेरे निर्जीव शरीर को या और भयानक शब्द कहिये लाश को घेरकर रोयें या न रोयें, उससे क्या फर्क पड़ता है? फिर भी मैं धौंस न मारूँगा कि मैं मृत्यु की उपेक्षा करता हूँ। यह कथन प्रत्यक्ष सत्य जान पड़ता है कि मृत्यु सुख-दुख का अन्त है। फिर भी मनुष्यमात्र मृत्यु से भयभीत है। मैं भी हूँ। इसका एक बड़ा कारण तो यह है, मृत्यु प्रायः बड़ी यन्त्रणापूर्ण होती है। यदि मृत्यु में यन्त्रणा न भी हो तो यहाँ के सुख के संसार और प्रियजनों के बिछोह का विचार भी मनुष्य को व्याकुल कर देता है। बिछोह का भय कैसा? जब विचार का उत्पादक जीवन ही न रहेगा तो बिछोह भी अनुभव न होगा। परन्तु हाँ, यह विचार कि मेरे या हमारे मर जाने से हमारे अमुक प्रियजनों का दिल टूट जायेगा, ज़रूर व्याकुलता का जबरदस्त कारण है।

अच्छा मेरे मर जाने से कितने आदमियों का दिल टूट जायेगा? मेरे मर जाने से पन्द्रह-बीस आदमियों को बुरा मालूम होगा—केवल 15 या 20, इस सत्य को

जानकर अभिमान को धक्का पहुँचता है लेकिन मिथ्या गुमान से लाभ? तीन, चार शायद पाँच को शोक होगा, लेकिन दिल किसका टूट जायेगा? माँ का? ज़रूर, माँ का दिल ज़रूर टूट जायेगा। यह ख्याल आने से मुझे दुःख होता है। मन किस कदर भर आता है। इसके अलावा किसी का दिल टूटने की कोई वजह नहीं है। हो भी क्यों? न होना ही अच्छा है।

जो लोग पशु की भाँति केवल आहार, निद्रा, भय और मैथुन में ही समाप्त नहीं हो जाते, उनमें से नितान्त वैज्ञानिक या दार्शनिकों को छोड़कर अधिकांश लोग प्रेम कर पाने या प्रेम के पाने में जीवन की बहुत बड़ी सार्थकता समझते हैं। इसमें क्या शक, जिन्दगी की बहार सुगन्ध इसी में है।

इसमें क्या शक, एक लेखक ने खूब लिखा है–

O La beauté de cette heure oú I' âme se donne/और Tous cenx qui le amourent sont 'ehes/seul I'egoism tue. मैंने भी यौवन के कच्चे बरसों में इस नशे को चखा है। उस पर मुझे हँसी भी आती है और मैं उससे खुश भी हूँ। एक बात से मैं अपने आप से बहुत खुश हूँ कि मैं दुश्चरित्र या नीच कभी न बना। मैंने प्रेम से कुछ दिन आहें भी भरी हैं और मेरे लिए भी कुछ लोगों ने आहें भरी हैं। टालस्टॉय ने प्रेम का जो विद्रूप उसे safety valve कह कर किया है, मुझे वह ठीक ही मालूम होता है। यदि मुझे औचित्य का विचार न होता तो मैं बहुत दूर तक हाथ मार सकता था पर मैंने ऐसा नहीं किया। सच-सच कहूँ तो औचित्य के विचार के साथ शायद कुछ भय या निर्बलता का पुट भी रहा होगा या safety valve का भी। उस पर कुछ प्रभाव रहा होगा। परन्तु उसमें औचित्य का विचार ज़रूर था। पर अब मेरी मानसिक अवस्था फिलहाल तो ऐसी जान पड़ती है कि मैं इस अखाड़े से Retire हो गया हूँ। यह भाव केवल क्षणिक है या चिरस्थायी, निश्चित नहीं कह सकता।

अच्छा, क्या मेरे मरने से किसी को प्रसन्नता भी होगी? मेरा ख्याल तो नहीं। क्योंकि अपनी जान में मैंने किसी का अनिष्ट करने की चेष्टा नहीं की, अर्थात् स्वार्थ के विचार से। फिर भी संसार का मार्ग तंग है और ज़िन्दगी का सफर करते वक्त मनुष्य एक दूसरे के रास्तों में बाधा बन जाते हैं। उस समय उन्हें हटा देने की इच्छा या ज़रूरत महसूस होती है। पर उसको लेकर आमरण वैर नहीं होना चाहिए। यह भद्रता नहीं है। खैर, मेरे मिट जाने से किसको लाभ हो सकता है? किसको शान्ति प्राप्त हो सकती है? हो सकता है एक को; बहुत, दो को।

यह तो हुई बीती। भविष्य की बाबत क्या कहा जा सकता है? भविष्य तो एक दुर्लभ दीवार के परे है। कल्पना अपनी ऊँची उड़ान से भी उस तक नहीं पहुँच सकती। आराम-सुख होगा, या क्लेश, कलरव कौन जाने? पर एक बात है। कपट और कायरता, इन दो चीजों से दूर रहा हूँ और रहूँगा। मनुष्यता को कायम रखना

मेरी महत्त्वाकांक्षा है। जीवन के शेष भाग में योद्धा बन कर तो न रह सकूँगा, परन्तु भलामानुस ज़रूर बना रहना चाहता हूँ।

यशपाल बांटड़ा

3/12/36

P.S. बड़ी उलझन के बाद इतना लिख पाया हूँ। अब मुझे लिखने में उतनी रुचि नहीं रही है। कहाँ अकारण ही लिखा करता था। शायद शब्द-विन्यास और शैली भी शिथिल हो गयी है। अभ्यास के बिना ऐसा ही होता है।

लेखक का दायित्व और सामाजिक न्याय

साहित्यिक गोष्ठियों में कभी-कभी प्रश्न उठ जाता है, लेखन क्यों और किसके लिए? साहित्य और लेखक का कोई दायित्व है या नहीं? यदि दायित्व है, तो क्या और किसके प्रति? कुछ लेखकों का विचार है कि साहित्य का गुण-धर्म रस या रसमय होता है। साहित्य केवल रस अथवा मनोरंजन के सुख-आनन्द को जगाने और अनुभव करने की प्रक्रिया ही है। ऐसे लोग अपने विचार के पक्ष में संस्कृत काव्य-शास्त्र की परिभाषा का प्रमाण देते हैं, रसात्मक काव्यम् अर्थात् रसात्मक होना ही काव्य या साहित्य का गुण है। दूसरा दृष्टिकोण है कि साहित्यकार स्वान्तःसुख या अपने सन्तोष सुख के लिए साहित्य रचता है और उससे समाज को भी मनोरंजन का सुख और कल्याण देता है। साहित्य स्वयं ही अपना प्रयोजन या उद्देश्य है। साहित्य के बारे में क्यों, किसके लिए और उसके दायित्व का प्रश्न नहीं उठना चाहिए।

यह सही है कि साहित्य का गुण और परिभाषा रसमय होना है, परन्तु साहित्य का गुणधर्म साहित्य शब्द के मूल अर्थ में स्पष्ट है। साहित्य शब्द की व्युत्पत्ति है 'स'-'हित'—यानी समाज या समूह का हित। इसलिए अच्छे साहित्य से प्राप्त

रस में समाज के हित का प्रयोजन होना आवश्यक ही नहीं, अनिवार्य है। स्पष्ट है कि साहित्य या लेखन का प्रयोजन वैयक्तिक आत्मरति और लोगों का मुर्गों-भेड़ों की लड़ाई या ताश गंजीफा जैसा समाजहित से बेपरवाह छिछला विनोद-मनोरंजन नहीं है। साहित्य समाज का हित है तो साहित्य और साहित्यकार सामाजिक दायित्व से बरी नहीं हो सकते।

साहित्य की शास्त्रीय या (क्लासिकल) परिभाषाओं की बहस छोड़कर हम व्यावहारिक भाषा में संक्षेप से कह सकते हैं कि साहित्य में अपने समाज की जिजीविषा (अर्ज ऑफ लाइफ) अर्थात् जीवन की रक्षा और विकास की इच्छाओं, महत्त्वाकांक्षाओं के स्वप्न और दयार होते हैं। साहित्य की यह परिभाषा लेखन क्यों, किसके लिए, साहित्यकार के दायित्व के प्रश्नों का उत्तर दे देती है। व्यावहारिक रूप से सभी समयों, देशों और समाजों के साहित्य की प्रवृत्ति और प्रयोजन इसी परिभाषा के अनुसार होते रहे हैं। सभी देश-काल का साहित्य सामयिक परिस्थितियों और मान्यताओं के अनुरूप होता आया है। सुदूर अतीत के यूनानी, भारतीय और मिस्री साहित्य अपने समय और समाज का प्रतिनिधित्व और संचालन करने वाले प्रभु वर्गों के जीवन के संतोष, विलास और विकास के संघर्ष के चित्र होते थे। उस साहित्य में उस समय के प्रभु और शासक वर्ग की विजय यात्राएँ, वीर गाथाएँ और प्रेम-प्रणय की कथाएँ, प्रभु वर्ग के राजमहलों और दरबारों के वैभव के चित्र, सुन्दर स्त्रियों के लिए युद्धों की कहानियाँ मिलती हैं या आनुषंगिक रूप से उस प्रभु वर्ग को सूझ-बूझ देने और उनके अधिकारों के समर्थन के लिए नैतिकता और न्याय की मान्यताएँ बनाने वाले तत्कालीन दार्शनिकों, विद्वानों और ऋषि-मुनियों के विचार मिलते हैं। सामान्य या साधनहीन वर्गों के लोगों के जीवन की छाया या झलकियाँ नहीं मिलतीं। संस्कृत साहित्य के नियमों और परम्परा यानी साहित्य दर्पण के अनुसार दीन, साधनहीन वर्ग के जीवन का चित्रण—उदाहरण के लिए हल चलाते किसान, चरखे, चक्की-चूल्हे या उपले थापती गरीब स्त्रियों के वर्णन साहित्य का दोष माने जाते थे। यही बात तत्कालीन पश्चिमीय साहित्य में भी थी। वहाँ का साहित्य भी वहाँ के तत्कालीन अभिजात प्रभु वर्ग के जीवन का ही दर्पण था। उस समय उस साहित्य में किसानों और शारीरिक मेहनत करने वाले वर्गों के लिए क्लाउन या क्लाडहोपर जैसे शब्दों का प्रयोग किया जाता था। उस समय के शासक प्रभु वर्गों और सामान्य या दलित वर्गों की भाषाएँ भी पृथक् होती थीं। आभिजात्य प्रभु वर्ग की भाषा संस्कृत यानी परिष्कृत भाषा और सामान्य वर्ग की भाषा प्राकृत अथवा अनगढ़ फूहड़ बोली होती थी। इसका प्रमाण प्रायः सभी संस्कृत नाटक हैं। यूनान और रोम में भी आभिजात्य प्रभु वर्गों की भाषा परिष्कृत होती थी और सामान्य वर्ग की भाषा वर्नाक्युलर अर्थात् दासों और सेवकों की बोली। ऐसी स्थिति का सीधा कारण था कि उस समय का साहित्यकार अपने

आभिजात्य समाज के प्रभु वर्ग की जिजीविषा की अभिव्यक्ति से, उनकी स्थिति और अधिकारों के समर्थन से उनका संतोष, मनोरंजन और प्रोत्साहन करता था। आभिजात्य वर्ग की मान्यताएँ ही समाज की नैतिकता और न्याय थे। तत्कालीन साहित्य और कला उन्हीं मान्यताओं की अभिव्यक्ति होते थे। परन्तु तब भी समाज में आभिजात्य प्रभु वर्ग के अतिरिक्त दूसरे सामान्य या साधनहीन वर्ग भी थे। प्रभु वर्ग और उस वर्ग के विचारकों की सामाजिक न्याय की मान्यताओं के अनुसार ही सामान्य और दलित वर्गों के लिए धर्म-नैतिकता और न्याय, प्रभु वर्ग की सेवा संतोष के लिए अपने आपको खपा देना या बलिदान कर देना ही था। उस देश-काल के समाज के प्रवक्ता या साहित्यकार अपने समाज की मान्यताओं के समर्थन और प्रोत्साहन से अपने समाज के मनोरंजन के रूप में सामयिक मान्यताओं, व्यवस्था और महत्त्वाकांक्षाओं का समर्थन अपना दायित्व मानते थे।

अपने समाज की मान्यताओं के समर्थन के लिए विचारकों या साहित्यकारों के दायित्व के बारे में जो कुछ कहा गया है, उसके उदाहरणों से इतिहास भरा हुआ है। आज संसार के सभी राष्ट्र या व्यक्ति दास प्रथा को मानवता का असह्य कलंक मानते हैं। हमें यह भी मालूम है कि महर्षि सुकरात ने सामाजिक दमन से असत्य को मान लेने के बजाय सत्य के लिए जहर का प्याला पीकर अपने प्राण दे दिये थे, परन्तु उसी सुकरात ने अपने समाज के हित की मान्यताओं के अनुसार समाज में सभ्यता की रक्षा और विकास के लिए दास प्रथा को न्याय्य और आवश्यक बताया था। भारत के आदि विधायक मनु ने 'आत्मवत् सर्व भूतेषु' का उपदेश देते हुए भी समाज हित और सामाजिक न्याय की अपनी मान्यता से वर्णाश्रम व्यवस्था का विधान बनाया था, जो दास प्रथा का अधिक परिष्कृत रूप था जो आज मानवी दृष्टि से असह्य है। इतना ही नहीं, मनु ने स्त्रियों और शूद्रों अर्थात् साधनहीन वर्ग को पुरुषों और द्विजवर्ग के आधिपत्य में सन्देह का अवसर न आने देने के लिए स्त्रियों और शूद्रों को ज्ञान और साधनों, शिक्षा और सम्पत्ति के अधिकारों और अवसर से ही वंचित कर दिया था। हमें बरसों रामराज का लक्ष्य स्वीकार करने के उपदेश दिये गये हैं। उसी मान्यता के समर्थन के लिए भारत के आदि साहित्यकार वाल्मीकि ने मर्यादा पुरुषोत्तम राम द्वारा ज्ञान के लिए तप करने वाले शूद्रक का सिर, ब्राह्मणों से होड़ के अपराध में कटवा कर सामयिक मान्यता का समर्थन किया था। उसी सामाजिक न्याय और नैतिकता की पुनः स्थापना के लिए तुलसीदास ने उपदेश दिया—ढोल गँवार सूद्र पसु नारी, सकल ताड़ना के अधिकारी। इन उदाहरणों का प्रयोजन यह स्पष्ट करना है कि साहित्यकार सदा ही अपने रचना धर्म से अपने विश्वास के अनुसार समाज, यानी समाज का प्रवक्ता बनकर, उस समाज के प्रति दायित्व निबाहता रहा है।

यह भी सही है कि जैसे अढ़ाई हजार वर्ष पूर्व अल्प अवसर वर्गों की

जिजीविषा ने जैन और बौद्ध दर्शन और विचारधाराओं के रूप में जीवन के अवसर की माँग की थी, उसी प्रकार समय-समय पर सामाजिक न्याय की रूढ़ि के विरोध में बहुजन की जिजीविषा—क्रान्तिचेता कबीर, दादू, तुकाराम, नानक आदि सन्त-साहित्यकारों की वाणियों से प्रकट होती रही।

पश्चिम में उद्योगीकरण या मशीनों के विकास ने समाज के जीवन निर्वाह के लिए आवश्यक वस्तुओं के उत्पादन के तरीके बदल दिये। इसके परिणाम में समाज में भूपति और सामन्त वर्ग की शक्ति घट गयी और नये उद्योगपतियों और व्यावसायिक पूँजीपतियों के वर्ग भी सशक्त बन गये। यह वर्ग स्वयं को मध्यम वर्ग या मध्यम श्रेणी कहने लगे। ऐसे प्रजातन्त्र समाज के विचार और मान्यताएँ मुख्यतः मध्यम श्रेणी के दृष्टिकोण से बनते थे। उस समय का साहित्य इसी मध्यम श्रेणी की समस्याओं और महत्त्वाकांक्षाओं का साहित्य बना। उस समय का साहित्यकार अपने समाज का प्रवक्ता था और अपना दायित्व अपनी श्रेणी की मान्यताओं के प्रति मानता था परन्तु उस युग में औद्योगीकरण के कारण साधनहीनों की बढ़ती संख्या और साधनहीन वर्ग में उत्पन्न चेतना के प्रभाव से समाज के बहुजन के हित की अर्थ और शासन व्यवस्था की पुकारें भी उठने लगी थीं। साहित्यकार उग्रचेता, भावुक, सूक्ष्म संवेदनशील और क्रान्तिदर्शी होता है। समाज में परिवर्तन की आवश्यकता को दूसरों की अपेक्षा जल्दी अनुभव करके मार्गदर्शन कर सकता है। समाज में आये परिवर्तन का प्रभाव अनेक साहित्यकारों पर पड़ा। ऐसे साहित्यकार मानवी-भावना से सर्वजन या बहुजन के हित को मान्यता देने वाले सामाजिक न्याय के समर्थन में आगे बढ़े। साहित्यकारों का यह काम जनगण के बृहत् समाज के प्रति दायित्व की भावना थी।

अन्ततः समाज के बहुजन की चेतना और समाज के बौद्धिक वर्ग की मानवी समता के न्याय की भावना से हम ऐसी जनतन्त्र व्यवस्था में पहुँच गये हैं जब उसूलन सामाजिक और राजनीतिक व्यवस्था निर्माण में भाग लेने का अधिकार, सम्पत्ति, वर्ण, कुल, जाति, वर्ग सम्प्रदाय या पुरुष होने की शर्त पर निर्भर नहीं, बल्कि मानवमात्र की समता के सिद्धान्त पर सब बालिग़ नर-नारियों को है। इस नयी समाज व्यवस्था में साहित्य रचना जनतन्त्र व्यवस्था के सामाजिक न्याय के सिद्धान्तों और आदर्शों को व्यावहारिक रूप दिला सकने के लिए होना चाहिए। इस परिस्थिति में साहित्यकार का दायित्व जनगण की जिजीविषा की चेतना को वाणी और समर्थन देकर सशक्त बनाना है।

ऊपर हुई चर्चा से स्पष्ट है कि समाज में शासन व्यवस्था और सामाजिक न्याय समय और समाज की स्थिति और आवश्यकताओं के अनुसार समाज के सबसे सशक्त वर्ग द्वारा ही निश्चित किये जाते रहे हैं। पश्चिम के एक प्रमुख दार्शनिक हेगल का कहना है कि किसी समाज की सभ्यता का इतिहास उसके

दर्शन के विकास का इतिहास होता है। कार्ल मार्क्स का कहना है कि समाज की सभ्यता का इतिहास उस समाज में वर्ग संघर्ष का इतिहास है। मैं कहना चाहूँगा, साहित्य का इतिहास देशकाल अनुसार सामाजिक न्याय की मान्यताओं के समर्थन और नये समयानुकूल सामाजिक न्याय के विकास के लिए संघर्ष का लेखा है। विकास से अभिप्राय–समाज में उत्तरोतर बहुजन के लिए समान अवसरों और अधिकारों की मान्यता और व्यवस्था है।

इसका प्रमाण हमारे वर्तमान का साहित्य है। आज कोई साहित्यकार मनु के वर्ण व्यवस्था, स्त्री-पुरुष की स्थिति, स्वामिभक्ति आदि के आदर्शों के समर्थन को अपनी कला का भाव नहीं बना रहा।

कुछ लोगों को शिकायत हो सकती है कि मैं साहित्यकार के प्रयोजन और साहित्यकार के दायित्व के बजाय सामाजिक और राजनीतिक कार्यकर्त्ता के दायित्व की चर्चा कर रहा हूँ। कुछ लोग साहित्य को केवल रस प्रधान मानने के संस्कारों के कारण साहित्य को सामाजिक समस्याओं और राजनीति से अछूता रखना चाहेंगे। वे आपत्ति कर सकते हैं कि साहित्य के नौ रसों–शृंगार, वीर, करुणा, वात्सल्य, रौद्र, बीभत्स, भयानक, अद्भुत और शान्त रसों में राजनीति का नाम नहीं है, परन्तु क्या साहित्य में किसी भी रस की चर्चा सामाजिक व्यवस्था के आधार और यथार्थ के बिना हो सकती है? समाज में लोगों के आपसी सम्बन्ध और प्रबन्ध ही राजनीति (पोलिटिक्स) है और वह समाज के मनुष्यों के सभी कार्यकलाप की पृष्ठभूमि होती है। राम के स्वयंवर, वनवास, सीताहरण और सीता के परित्याग में किस प्रसंग को तत्कालीन व्यवस्था या राजनीति से अप्रभावित कहा जायेगा। सम्पूर्ण महाभारत, संस्कृत काव्य नाटक, होमर, शेक्सपीयर, गेटे के साहित्य, पृथ्वीराज रासो इन सबकी घटनाओं के आधार सामाजिक और राजनीतिक द्वन्द्व नहीं तो क्या हैं? लोक साहित्य में जितनी वीर गाथाएँ या प्रणय-विरह के काव्य हैं, उनकी भूमिका भी राजनीतिक और सामाजिक मान्यताओं के द्वन्द्व ही रहे हैं।

यदि राजतन्त्र और सामन्त तन्त्र में, जब जनता के लिए उपदेश था–'कोहु नृप होय हमें का हानी, चेरी छाँड़ न होउब रानी'–यदि साहित्य राजनीति के आधार पर रहा तो जनतन्त्र खास कर समाजवादी जनतन्त्र में क्या स्थिति होगी? आज के हमारे या किसी भी समाजवादी जनतन्त्र में आवश्यक वस्तुओं की पैदावार उनकी बिक्री-बँटवारे पर अधिकांश में व्यवस्था का ही नियन्त्रण होता है। हमारा वर्तमान यथार्थ क्या है? हम भूख के उपाय के लिए पैदावार बढ़ाना शासन की जिम्मेदारी समझते हैं–गेहूँ, चावल, चींनी, मिट्टी का तेल, साधारण कपड़े और राशन के लिए शासन व्यवस्था पर निर्भर हैं। समाज में शिक्षा, स्वास्थ्य रक्षा और रोजगार की व्यवस्था के लिए शासन या राजनीति की ओर देखते हैं। आज की व्यवस्था नीति का निश्चय करने वालों की नियुक्ति जनतन्त्र के सिद्धान्तों के

अनुसार बहुजन का अधिकार है, इसलिए वर्तमान समाज का साहित्यकार वर्तमान की किसी समस्या से निरपेक्ष नहीं हो सकता। आज के साहित्यकार का दायित्व जनगण को उस यथार्थ और अपने अधिकार और कर्त्तव्य के प्रति संकेत करना है।

साहित्यकार के दायित्व और सामाजिक न्याय की इतनी चर्चा के बावजूद लेखक के रचना धर्म और कर्म की बात अधूरी ही है। साहित्यकार अपने उद्देश्य और दायित्व को विधायक यानी लॉ मेकर या राजनेता की तरह उचित-अनुचित के विधि-निषेध के आदेशों द्वारा नहीं निबाह सकता। साहित्य नीति या न्यायशास्त्र नहीं, कला है और लेखक कलाकार। लेखक अपने विचार और सुझाव, जनता की भावना को अछूता छोड़कर, आदेशों के रूप में नहीं दे सकता। अपनी बात जनता के लिए आकर्षक या मनोरंजक बना सकना लेखक के लिए अनिवार्य है। श्रेष्ठ साहित्य की मुख्य कसौटी सदा रस या मनोरंजकता रही है। उचित और हितकर को प्रभावशाली मनोरंजक ढंग से प्रस्तुत कर सकने की विधि ही साहित्य की कला है। लेखक अपने विचार या कथ्य के लिए पाठक और श्रोता में भावना और रागात्मक संवेदन नहीं जमा सकेगा तो अपने उद्देश्य और दायित्व में कभी सफल नहीं हो सकेगा।

यह बहुत कठिन है कि साहित्यकार अपनी एक ही रचना या प्रयत्न से पाठकों या श्रोताओं की पुरानी मान्यताओं और संस्कारों को बदल सके। आवश्यक यह है कि साहित्यकार की रचना में पाठक के मन-मस्तिष्क को जकड़ सकने का इतना सामर्थ्य हो कि पाठक या श्रोता उससे सहमत न होने पर भी उसकी रचना बिना पढ़े या बिना सुने न छोड़ सके। लेखक अपनी विधा या माध्यम की कला को इतना सबल बना सकेगा तभी वह सफलता की आशा कर सकेगा।

आज के व्यवसाय प्रधान औद्योगिक युग में साहित्यकार के सम्मुख एक और समस्या है। वैसी ही समस्या जैसी आज अध्यापकों, चिकित्सकों और कलात्मक माध्यमों से जीविका उपार्जन करने वाले लोगों के सामने है। अतीत में ऐसे काम उदात्त प्रेरणा से या सम्मान और ख्याति के सन्तोष के लिए किये जाते थे। विद्या दान, चिकित्सा और कला साहित्य की साधना करने वालों का रक्षण-पोषण प्रभु वर्ग या राजा करते थे या कवि और कलाकार अपने विवेक की स्वतन्त्र अभिव्यक्ति के अवसर के लिए सांसारिक सुखों की उपेक्षा कर फकीरी सहते थे, परन्तु आज अध्यापन, चिकित्सा, कलात्मक कार्य और साहित्य-सृजन भी अधिकांश में समाज सेवा के स्वतन्त्र व्यवसायों का रूप ले चुके हैं। यों तो सभी व्यवसाय किसी-न-किसी प्रकार से समाज सेवा ही हैं। सभी व्यवसायों में व्यवसायी के स्वार्थ और सामाजिक दायित्व में द्वन्द्व का अवसर हो सकता है। वैसी स्थिति आज साहित्यिक व्यवसाय में भी आ गयी है। साहित्यकार के सामने प्रश्न है कि वह साहित्य-सृजन अधिक-से-अधिक पारिश्रमिक या कमाई के लिए करे या अपने विवेक से उच्च

कलात्मक उपलब्धि और सामाजिक दायित्व के लिए?

साहित्यिक पर अतीत में राजा का अंकुश रहता था। आज ऐसी स्थिति में साहित्यकार की जीविका की दृष्टि से शासक से पहले प्रकाशक का अंकुश रहता है। प्रकाशन के माध्यम बिना साहित्यकार का श्रम जीविका नहीं दे सकता। जानी-मानी स्थिति है कि पंचानबे प्रतिशत प्रकाशक सीमित खपत हो सकने वाली ऊँचे स्तर की रचनाओं या बहुजन के अन्धविश्वासों को उखाड़ने वाली रचनाएँ प्रकाशित करने में अपनी पूँजी जोखिम में डालने की अपेक्षा सस्ते उच्छृंखल मनोरंजन या परम्परागत रूढ़ियों के प्रोत्साहन से बहुजन को रिझाने वाली रचनाओं को प्रश्रय देते हैं। उन्हें ऊँचे वैचारिक और कलात्मक स्तर के सीमित पाठकों को सन्तुष्ट कर सकने वाली रचनाएँ नहीं, उच्छृंखल, किशोर मानसिक स्तर को सेक्स और वायोलेंस का सन्तोष देकर पाँच-दस लाख प्रतियाँ बिक सकने वाली रचनाएँ चाहिए।

ऐसी स्थिति में साहित्यकार क्या करे? अतीत के सन्त कवि साहित्यकारों की तरह एक रोटी एक लँगोटी से जीवन बिता देने को त्याग—सम्पूर्ण समाज की तरह जीवन की आवश्यकताओं की पूर्ति चाहे। कहा चुका हूँ, आज साहित्य सृजन, अध्यापन, चिकित्सा और औषधि-निर्माण भी व्यवसाय बन चुके हैं। प्रश्न हो सकता है, चिकित्सक और औषधि निर्माता समाज के स्वास्थ्य हित के प्रति विवेक का ध्यान रखें या अधिकतम व्यावसायिक लाभ की सम्भावना के लिए सस्ते दामों में कूड़ा-कचड़ा बेचकर समाज में अधिक रोग और औषधियों की ज़रूरत बढ़ाकर स्वार्थ सिद्ध करें। समाज के शरीर के स्वास्थ्य की ही तरह समाज के मानसिक नैतिक स्वास्थ्य का भी महत्त्व है, जिस पर न केवल साहित्यकार के कार्य का गहरा प्रभाव पड़ता है बल्कि वह साहित्यकार का दायित्व भी है। समाज, चिकित्सा और औषधि उत्पादन व्यवसायों में जीविका और सामाजिक हित के दायित्वों में विवेक से सन्तुलन की आशा करता है तो साहित्यकार और प्रकाशक से भी वैसी आशा करेगा।

कहानी लिखना मेरी जीविका है

कहानी लिखना मेरी जीविका है। कुछ लोग जीविका के लिए अन्य काम करते हैं परन्तु आत्मसन्तोष के लिए कहानियाँ भी लिख लेते हैं। मैं भी कहानी लिखने की प्रेरणा या इच्छा आत्मतोष के लिए ही अनुभव करता हूँ और कहानियों से प्राप्त पारिश्रमिक से निर्वाह कर लेता हूँ। कहानी बनाने से मुझे 'जीवन की इच्छा' या 'जीवन के लिए चिन्तन और प्रयत्न की इच्छा' को अभिव्यक्ति दे सकने का सन्तोष अनुभव होता है। यह सामान्य अनुभव है कि हम अपने प्रत्येक व्यवहार की संगति-असंगति के सम्बन्ध में विचार नहीं करते, अधिकांश व्यवहारों और विश्वासों को अभ्यास, संस्कारों और परम्परागत मान्यताओं से ही निबाहते चले जाते हैं। मैं कहानी के माध्यम से मनुष्यों की उन वैयक्तिक और सामूहिक परिस्थितियों, व्यवहारों और मान्यताओं की ओर संकेत करता हूँ या उन पर विचार के लिए सुझाव देता हूँ जो मेरी समझ में जीवन की स्वाभाविक इच्छा या जीवन के लिए प्रयत्न के मार्ग में बाधक बन रहे हैं। इस काम के लिए मुझे कल्पना से रचे दृष्टान्त या कहानियाँ बहुत उपयोगी जान पड़ती हैं।

कहानीकारों अथवा लेखकों को प्रायः सुझाव दिया जाता है—यथार्थ जीवन के सम्पर्क और अनुभवों से ही लिखना चाहिए (राइट फ्राम लाइफ)। मैंने कहा है कि मैं समस्याओं

को कल्पित दृष्टान्तों द्वारा पेश करना कहानी की प्रक्रिया मानता हूँ। मेरी लिखी सम्पूर्ण कहानियों में पाँच प्रतिशत कहानियाँ भी देखी-सुनी तथ्य घटनाएँ नहीं हैं। मेरी कहानियों के पात्र और घटनाएँ कल्पित होते हैं परन्तु मेरी कहानियों के तत्त्व अथवा समस्याएँ सामाजिक यथार्थ ही होते हैं। मैं मनुष्यों के व्यवहारों अथवा व्यवहारों के रूप में घटनाओं से अधिक महत्त्व उन मान्यताओं और सामाजिक सम्बन्धों की परिस्थितियों को समझता हूँ जो इन व्यवहारों या घटनाओं के कारण होती हैं। ऐसी कारणों की मौजूदगी में वैसी एक नहीं अनेक घटनाएँ हो सकने की सम्भावनाएँ रहती हैं। मैं ईवेन्ट—घटना की प्रतीक्षा न कर उसके आधार और स्रोत, कारणों और स्थिति से सावधान होने का सुझाव देना चाहता हूँ। इस प्रयोजन के लिए मैं कल्पना से गढ़े विश्वास योग्य पात्रों और घटनाओं द्वारा कहानी बना लेता हूँ। मेरी लिखी कहानियों में घटनाओं की परिस्थितियाँ और कारण ऐसे सामाजिक यथार्थ और वास्तविक होते हैं कि पाठक उन्हें अपने परिवेश में अनुभव कर सकते है। इसलिए मेरी काल्पनिक रचनाएँ वास्तविक घटनाएँ ही जान पड़ती हैं।

यदि बहुत बड़ी बात न समझी जाये तो कहना चाहता हूँ—मैं कहानियों का उपयोग मनुष्यों के विश्वासों और व्यवहारों की प्रयोगशाला के रूप में करता हूँ। कहानी की प्रयोगशाला में, कल्पना से प्रस्तुत घटनाओं द्वारा मनुष्यों की मान्यताओं और व्यवहारों में कारण-कार्य के सम्बन्धों और संस्कारों से पृथक् स्थिति की वास्तविकता को इस प्रकार दिखाया जा सकता है अथवा उनकी विवेचना की जा सकती है कि पाठक दर्शक बनकर उन मान्यताओं, व्यवहारों और संस्कारों की संगति-असंगति पर विचार कर सके।

कहानी के लिए विचार पाने और उसे रचने की प्रक्रिया के दो उदाहरण देता हूँ—बाजार में फुटपाथ पर एक बुढ़िया बैठी है। बुढ़िया चेहरे को दोनों हाथों से ढके रो रही है। उसके सामने एक छोटी डलिया में कुछ तरकारी है। बुढ़िया का बाजार में आकर सौदा बेचने के बजाय रोना मेरे मन को छू लेता है। आस-पास की दुकानों के लोगों को बुढ़िया से कोई सहानुभूति नहीं जान पड़ती। वे उसकी ओर से पीठ फेरे हैं। रोती हुई बुढ़िया के प्रति सहानुभूति से मुझे ख्याल आता है, बाजार में सौदा बेचने के लिए इसके पति या जवान बेटे को आना चाहिए था। अनुमान करता हूँ, शायद इसका पति या जवान बेटा अभी हाल ही में मर गये हों।

मैं कल्पना में बुढ़िया के दुर्भाग्य के कारणों और परिस्थितियों को घटना में इस प्रकार जोड़ लेता हूँ—नगर के समीप ही बुढ़िया की सब्जी-तरकारी की छोटी-सी खेती है। बुढ़िया विधवा है। कल सुबह, मुँह-अँधेरे इसका जवान बेटा क्यारियों में से तरकारी बटोरने गया था। जवान का पाँव एक साँप पर पड़ गया और साँप ने उसे काट लिया। अनेक उपाय करने पर भी जवान बच न सका। गरीब बुढ़िया के पास जो कुछ था, बेटे के उपचार के लिए नागपूजा में और उसके मृतक संस्कार में

उठ गया। बुढ़िया की बहू शोक के आघात से बुखार में पड़ी है। उसके तीन और पाँच बरस के पोता-पोती भूख से व्याकुल होकर रो रहे हैं। बाजार के लोग बुढ़िया की निन्दा कर रहे हैं—ओफ, कितनी संगदिल है! जवान बेटे के शोक में एक दिन भी घर न बैठी, सौदा बेचने के लोभ में बाजार चली आयी। इसके घर में मृत्यु होने के कारण इसका घर अपवित्र है। यह अपवित्र तरकारी बेचकर दूसरों को भ्रष्ट करेगी।

परिस्थिति से मजबूर, शोकातुर असहाय बुढ़िया के व्यवहार की तुलना में, ऐसी ही अवस्था में समृद्ध लोगों के व्यवहार की कल्पना जोड़ता हूँ—वे लोग ऐसे शोक में कई-कई दिन मूर्च्छित रह जाते हैं। उनके यहाँ संवेदना के लिए आने वालों की भीड़ लगी रहती है। उन्हें कुछ खाने-पीने के लिए भी कई-कई बार कहना पड़ता है। पाठक देखता है कि दुःख प्रकट कर सकने के लिए भी अवसर और अधिकार चाहिए। कहानी की सम्पूर्ण घटना कल्पित है, परन्तु क्या यह यथार्थ नहीं है कि आर्थिक दुरावस्था शोक और दुःख मना सकने का भी अवसर नहीं रहने देती। मेरी इस कहानी का शीर्षक है—'दुःख का अधिकार'।

मेरी 'पाप का कीचड़' कहानी के पात्र और घटनाएँ कल्पित हैं परन्तु पारलौकिक और साम्प्रदायिक धर्म विश्वासों द्वारा मनुष्यों की विचार और तर्कशक्ति का दमन नित्य अनुभव हो सकने वाला यथार्थ है। सभी देशों और समाजों में यह समस्या ठोस सत्य है कि अधिकांश स्त्री-पुरुष पारलौकिक और साम्प्रदायिक विश्वासों को अनुभव और तर्क से जाँचना अधर्म मानकर, उन्हें केवल आस्था से ग्रहण करते हैं। वे इस जीवन में प्राप्त हो सकने वाले सन्तोषों को परलोक में पा सकने की आशा में और नरक के भय से इस जीवन को अधिक से अधिक यातनामय बना सकना अपनी धार्मिक सफलता मान लेते हैं। जीवन की शुद्धता और धर्म का मार्ग स्वेच्छा से यातना सहना माना जाता है। साम्प्रदायिक विधि-निषेधों को ईश्वरीय आदेश मानकर, उन विधि-निषेधों में परस्पर विरोधी बातों को भी समान सत्य और धर्म मान लिया जाता है।

'पाप का कीचड़' कहानी लिखने की प्रेरणा मुझे अखबार में संक्षिप्त-सा समाचार पढ़कर हुई थी। समाचार था—'अमुक रोमन कैथोलिक गिरजे में अमुक बिशप ने ईसाई परिवारों के इतने बच्चों को बप्तिस्मा दिया। सर्वसाधारण जानते हैं कि पादरी ईसाई सम्प्रदाय की दीक्षा देने के लिए बप्तिस्मे के धार्मिक अनुष्ठान द्वारा मनुष्यों को 'ऑरिजॅनॅल सिन' आदिम पाप—अर्थात् माता-पिता द्वारा सहवास के पाप के परिणाम में जन्म पाने के पाप से मुक्त करते हैं। ईसाई सम्प्रदाय के धर्म विश्वास के अनुसार, पति व पत्नी द्वारा सन्तानोत्पत्ति का कार्य भी पाप है। ईसाई सम्प्रदाय का यह भी विश्वास है कि ईश्वर ने नारी को नर की सहचरी और अर्धांगिनी के रूप में उत्पन्न किया है।

'पाप का कीचड़' कहानी का नायक रोज़ेरियो धर्मभीरु और सरल व्यक्ति था। उसका विश्वास था कि मनुष्य जीवन का उद्देश्य धर्म पालन द्वारा मृत्यु के पश्चात् स्वर्ग प्राप्त करना ही है। धर्म में दृढ़ रहने के लिए वह किसी भी प्रकार के सुख की इच्छा न करने का संयम निबाहता था और सभी प्रकार के पापों—पत्नी से सहवास के रूप में आदिम पाप से भी दूर रहता था। उसका जीवन पाप के भय के बोझ से भयातुर और बोझिल था। रोज़ेरियो और उसकी पत्नी मार्था को न पड़ोसियों से कुछ मतलब था, न कुछ अधिक कमा सकने की ज़रूरत। उन्हें धर्मादेशों को पूर्ण कर स्वर्ग प्राप्ति के अतिरिक्त न कोई इच्छा थी, न चिन्ता, न उत्साह। दोनों केवल निष्पाप रहकर मृत्यु की प्रतीक्षा कर रहे थे। रोज़ेरियो जैसे लोगों की आस्था के अनुसार, इस संसार में मनुष्य का जन्म भगवान् को स्मरण करते रहकर मर जाने के लिए ही होता है।

फ़ादर सेबिल धर्मगुरु होकर भी उदार विचार और जीवन के अनेक क्षेत्रों में रुचि लेने वाला व्यक्ति था। वह जानता था, सृष्टि का क्रम जारी रहने के लिए समाज के जीवन व्यापार चलते रहने चाहिए। धर्मादेशों का अक्षरतः पालन मनुष्यों के जीवन को असम्भव बना देगा। इस संसार और जीवन में केवल परलोक को ही लक्ष्य मानना स्वयं जीवन और संसार का भी विरोध है। वह जानता था कि स्वयं धर्म की सत्ता, अनुशासन और धर्माचार्यों की शक्ति कायम रखने के लिए धर्म पालन में विकल्प आवश्यक है। धर्मानुयायियों के जीवन-व्यापार चलते रहने के लिए धर्म के विधि-निषेधों की चारदीवारी में कुछ मार्ग छोड़ देना आवश्यक है।

फ़ादर सेबिल ने रोज़ेरियो के धार्मिक एकाग्रता से पीड़ित जीवन की व्यर्थता समझ कर उसके प्रति करुणा अनुभव की। रोज़ेरियो को जीवन में, साधारण मनुष्यों की भाँति कुछ उत्साह और पार्थिव सन्तोष अनुभव कर सकने का अवसर देना चाहा। पादरी ने अपने धार्मिक पद और अधिकार का उपयोग कर रोज़ेरियो को धार्मिक एकाग्रता के निष्पाप मार्ग से भटका दिया। रोज़ेरियो इतना धर्म-प्राण था कि उसने धर्मगुरु का सुझाव बिना शंका और तर्क के पूरा किया। परिणाम में वह धर्मनिष्ठा से भटक कर आदिम पाप के कीचड़ में फँस गया। रोज़ेरियो पाप के रस से परिचित होकर और सन्तान पाकर सामान्य मनुष्यों की तरह जीवन में इच्छाएँ और उत्साह अनुभव करने लगा। रोज़ेरियो अपनी धार्मिक आस्था के कारण जीवन में आसक्ति और उत्साह के लिए, पाप के कीचड़ में फँस जाने की लज्जा की अनुभूति भी लिये थे। सेबिल ने रोज़ेरियो के जीवन में परिवर्तन देखकर सन्तोष अनुभव किया और रोज़ेरियो को उसके सुख की लज्जा से मुक्त करने के लिए सान्त्वना दी—पुत्र, प्रसन्न रहो। अब तुम भगवान् की दया के पात्र बन गये हो। दयामय भगवान् अपनी पापी सृष्टि को हृदय से लगाकर उन पर दया करने का सन्तोष पाते हैं।

'पाप का कीचड़' कहानी का प्रयोजन अथवा तत्त्व मनुष्यों के विश्वासों और व्यवहारों में परस्पर विरोधी तत्त्वों की ओर संकेत करना है। मनुष्य जीवन को सफल और उच्चतर बनाने के लिए ही किन्हीं परिस्थितियों में कुछ विश्वासों और व्यवहारों को मान्यता दी जाती है। कालान्तर में विचार और तर्क से विच्छिन्न विश्वास जीवन की स्वाभाविक इच्छा, जीवन के अवसरों और जीवन के विकास के लिए प्रयत्नों के मार्ग में बाधा बन जाते हैं।

कथा में शिल्प

शिल्प का अर्थ विचारों के अनुसार रचना और निर्माण कर सकना है। शिल्प का प्रयोजन उपयोगिता और सौन्दर्य दोनों की सृष्टि करना होता है। साधारण सुविधा के लिए शिल्प को उपयोगी शिल्प और ललित शिल्प दो भागों में बाँट लिया जा सकता है। ललित शिल्प का प्रयोजन प्रधानतः सौन्दर्य की सृष्टि करना अथवा प्रकृति में उपलब्ध सौन्दर्य को प्रतिबिम्बित करना रहता है।

ललित शिल्प अथवा ललित कलाओं में चित्रकला और मूर्ति निर्माण के साथ साहित्य की भी गणना होती है। चित्रकला अथवा मूर्तिकला द्वारा सौन्दर्य का निर्माण किया जाता है, इस विषय में विवाद की गुंजाइश नहीं है। चित्रकार अथवा मूर्तिकार कभी तो प्रकृति द्वारा सौन्दर्य की देन को चित्रित अथवा प्रतिबिम्बित कर देता है और कभी अपनी भावना के सौन्दर्य को हिम-शृंगों अथवा वसन्त की शोभा को चित्रित कर इसी प्रयोजन को पूरा करते हैं। अत्यन्त सुन्दर शरीर को चित्र अथवा मूर्ति द्वारा प्रतिबिम्बित करना भी प्रकृति की भव्य देन को चिरस्थायी बनाकर मनुष्य समाज के लिए उपलब्ध कर देना है। चित्रकार अथवा मूर्तिकार भावों के सौन्दर्य को भी अंकित अथवा प्रस्तुत करते हैं। वीर रस, करुण रस अथवा शान्त रस की अभिव्यक्ति करने वाली मूर्तियाँ अथवा चित्र

इसी प्रयोजन को पूरा करते हैं। चित्रकार और मूर्तिकार के शिल्प और कला का क्षेत्र और सीमा देखे जा सकने वाले सौन्दर्य ही हैं। चित्र अथवा मूर्ति शिल्प इस सौन्दर्य का कोई एक क्षण अथवा मूड ही प्रस्तुत कर सकते हैं। चित्र अथवा मूर्ति शिल्प द्वारा यदि करुण रस का प्रदर्शन करने के लिए कोई चित्र या मूर्ति बनायी जाय तो वह करुणा उत्पन्न करने वाले प्रसंग के किसी क्षण विशेष के दृश्य या भाव को ही व्यक्त कर सकेंगे, सम्पूर्ण प्रसंग को नहीं। परन्तु सृष्टि और जीवन में सभी कुछ प्रवाहमय और परिवर्तनशील है। रूप-सौन्दर्य और भाव-सौन्दर्य भी प्रवाहमय हैं। रूप और भाव के सौन्दर्य के प्रवाह को कोई एक चित्र अथवा मूर्ति समग्र रूप में प्रस्तुत नहीं कर सकते। उदाहरणतः किसी सम्पूर्ण घटना अथवा व्यक्ति के जीवन को एक चित्र अथवा मूर्ति समग्र रूप में प्रस्तुत नहीं कर सकते। यह काम कथा के शिल्प द्वारा ही हो सकता है।

सौन्दर्य का प्रयोजन मानसिक सन्तोष दे सकना और मनुष्य के जीवन को सन्तुष्ट और विकासशील बनाना है और शिल्प का प्रयोजन सौन्दर्य की रचना अथवा अभिव्यक्ति है। सौन्दर्य का क्षेत्र स्थूल-जगत् में ही नहीं, भाव-जगत् में भी है और उससे आगे विचार और आदर्शों के जगत् में भी है। उदाहरणतः सत्यनिष्ठा का सौन्दर्य, कर्त्तव्यपरायणता का सौन्दर्य, बन्धु-भावना का सौन्दर्य, निःस्वार्थ कर्म का सौन्दर्य। ये सौन्दर्य ऐसे हैं जो मनुष्य समाज की आत्मा के पोषक हैं। जीवन को सौन्दर्य, सन्तोष और सामर्थ्य देकर उन्नत करने वाली इन भावनाओं को स्वयं अनुभव करके अथवा ग्रहण करके अपनी कल्पना द्वारा सबल और प्रभावशाली बनाकर फिर समाज को देना कथा-शिल्प का प्रयोजन और कार्य है।

मानव समाज के आदर्शों और मान्यताओं की घोषणा कर देना एक काम है। यह काम स्मृतिकार या समाज के लिए नैतिकता की मान्यताओं को निश्चित करने वाले करते हैं परन्तु इन मान्यताओं को विश्वास योग्य और रुचिकर ढंग से समाज के जीवन के लिए व्यावहारिक प्रमाणित कर देना कथा-शिल्पी का ही काम है।

रामचरितमानस की रचना करते समय तुलसी का प्रयोजन मर्यादा पुरुषोत्तम राम के आदर्श द्वारा मानव समाज के लिए मर्यादाओं को उपस्थित करना ही था। तुलसी के विश्वास में राम साधारण मनुष्य नहीं, भगवान् थे और सीता भी मर्त्यलोक की साधारण नारी नहीं, परन्तु सृष्टि की आदि शक्ति थीं। परन्तु तुलसीदास मानव समाज के लिए व्यावहारिक मर्यादाओं को उपस्थित करना चाहते थे, इसलिए उन्होंने कल्पना से उन मर्यादाओं का आचरण करने वाले राम और सीता को मर्त्यलोक के नर-नारियों जैसा रूप दिया। यह जानते हुए भी कि भगवान् और आदिशक्ति भ्रम और दुःख के बन्धनों में नहीं फँस सकते थे। तुलसीदास जी ने मनुष्यों द्वारा मर्यादाओं के आचरण का उदाहरण दे सकने के लिए राम और सीता को भ्रम से भटके और दुःख से विभोर दिखाना भी आवश्यक

समझा। यही कथा-शिल्प का आदर्श समझा जा सकता है।

किसी भी वस्तु के शिल्प को समझने के लिए सीधा उपाय यह हो सकता है कि उसकी निर्माण प्रक्रिया का परिचय पाया जाय। सम्भव हो सके तो उस वस्तु का अंग विच्छेद करके अथवा उसे उधेड़ कर उसके निर्माण के तत्त्वों और प्रक्रिया को समझ लिया जाये।

कथा-साहित्य की पाठ्य-पुस्तकों के अनुसार, कथा अथवा कहानी के छह तत्त्व हैं। एक—कथा-वस्तु, दूसरा—पात्र तथा उनका चरित्र-चित्रण, तीसरा—भाषा या शैली, चौथा—पूरक घटनाएँ, पाँचवाँ—वार्त्ता, छठा—परिस्थितियाँ। इन छह तत्त्वों के समीचीन समन्वय से कथा का निर्माण होता है। इन तत्त्वों के समीचीन समन्वय अथवा कथा-शिल्प की सफलता की कसौटी यह मानी जा सकती है कि जो घटना गढ़ी जाय वह पाठक या श्रोता का पूर्ण विश्वास पाकर उसे अभिभूत कर ले। इनमें से प्रत्येक तत्त्व का प्रयोग इस ढंग से होना चाहिए कि कहानी पाठक का पूर्ण विश्वास प्राप्त कर सके।

कथा-वस्तु या घटना कलाकार की अपनी देखी-सुनी भी हो सकती है या नितान्त कल्पित भी हो सकती है। घटना की कल्पना किसी सत्य का व्यावहारिक रूप प्रकट करने के लिए अथवा किसी मान्यता का विश्लेषण करने के लिए भी की जा सकती है। जब घटना की कल्पना की जाय तो वह कल्पना नितान्त व्यावहारिक होनी चाहिए। घटना को विश्वास योग्य बना सकने के लिए पात्रों की सृष्टि भी घटना विशेष के अनुकूल ही होनी चाहिए अर्थात् उनका चरित्र इस प्रकार चित्रित किया जाना चाहिए कि वे सजीव जान पड़ें और उनसे उस प्रकार के व्यवहार की आशा की जा सके।

भाषा और शैली चरित्र के विकास में सहायक अथवा चित्रण के पूरक अंग होते हैं, इसलिए कहानी की भाषा का प्रयोग प्रसंग के अनुकूल और पात्र के भी अनुकूल होना चाहिए। उदाहरणतः 'मन्दिर के पुजारी' की भाषा और अभिव्यक्ति, बोलचाल में उसके मुहावरे एक प्रकार के होंगे। वह विशेष प्रकार की उपमाओं का प्रयोग करेगा और एक लोहार की अभिव्यक्ति की शैली दूसरी ही प्रकार की होगी। वह दूसरी ही प्रकार की उपमाओं का प्रयोग करेगा।

पूरक घटनाएँ यद्यपि कहानी के मुख्य ढाँचे के साथ उसे भरने के लिए लगाई जाती हैं, परन्तु उनका महत्त्व बहुत अधिक होता है। वही वास्तव में पात्रों के चरित्र का विकास करती हैं और कहानी को पाठकों और श्रोताओं के विश्वास में गहरा बैठा सकती हैं। उदाहरण के लिए रामचरितमानस में सीता के चरित्र से इस प्रकार की एक घटना को लीजिए। राम, लक्ष्मण और सीता मार्ग पर चले जा रहे थे, उन्हें देखकर ग्राम-वधुओं को कौतूहल हो रहा था, परन्तु उस कौतूहल के कारण ग्राम-वधुओं ने राम-लक्ष्मण से नहीं सीता से ही प्रश्न किया कि ये श्यामवर्ण

भव्य-दर्शन पुरुष कौन है। सीता ने कटाक्ष से मुस्करा कर लक्ष्मण की ओर संकेत कर बताया ये मेरे देवर हैं और जो आगे चल रहे हैं, वे इनके भाई हैं।

उपर्युक्त प्रसंग का जीवन की मर्यादाओं से कोई सम्पर्क नहीं है, परन्तु यह पूरक घटना और इसका अत्यन्त ग्राही और यथार्थ चित्रण पाठक को विश्वास के सूत्रों से जकड़ लेता है और कथा की पृष्ठभूमि में समाज के व्यवहार का पूरा प्रतिबिम्ब उपस्थित कर देता है।

कथा में वार्त्ता कथा को गति देने के लिए और कथा के प्रयोजन को प्रकट करने के लिए होती है। रामचरितमानस का अधिकांश भाग वार्त्ता ही है। वार्त्ता में यथार्थ की रक्षा के लिए शिल्पी को बहुत सावधान रहना आवश्यक है।

परिस्थितियाँ कहानी का आधार होती हैं, जिन पर कहानी को स्थापित किया जाता है। उसके बिना कहानी वैसे ही गिर पड़ेगी जैसे बिना जड़ का वृक्ष खड़ा नहीं रह सकता।

कथा-शिल्प में और भी महत्त्वपूर्ण बातें रहती हैं, जैसे—कहानी का शीर्षक। शीर्षक द्वारा पाठक का कथा से पहला सम्पर्क होता है। शीर्षक पाठक का कौतूहल जगा सकता है तो वहीं कहानी की सफलता का आरम्भ हो जाता है। इसके पश्चात् कहानी का आरम्भ। आरम्भ भी इस प्रकार का होना चाहिए कि पहले कुछ शब्द ही पाठक की रुचि को बाँध लें। इसके लिए कोई एक विधि नहीं बतायी जा सकती है। यह शिल्पी के अपने चुनाव पर निर्भर करता है। अन्त के विषय में भी कहना आवश्यक है कि वह इस प्रकार घटे कि पाठक पर अपनी गहरी छाप छोड़ दे। प्रायः ही यह समझा जाता है कि अन्त का आभास पाठक का कौतूहल जागरित रखने के लिए समाप्ति से पूर्व न हो सके। बहुत हद तक यह बात ठीक है, परन्तु शिल्पी अपने चातुर्य से जाने हुए अन्त में भी ऐसा भावोद्रेक उत्पन्न कर सकता है कि पाठक के मन में उत्पन्न हो चुकी भावना एक बार और अधिक उद्दीप्त हो जाय।

एक प्रश्न यह है कि कहानी की श्रेष्ठता की कसौटी क्या होनी चाहिए। कहानी की श्रेष्ठता उससे प्राप्त होने वाले उपदेश या आदर्श से आँकी जानी चाहिए अथवा उसके निबाह और शिल्प चातुर्य से। इसका उत्तर स्पष्ट है। कहानी का प्रयोजन केवल नैतिक मान्यताओं की घोषणा करना नहीं है बल्कि रसोद्रेक द्वारा नैतिकता और मान्यता को ग्राह्य रूप में उपस्थित करना है। इसलिए प्रेमचन्द जी की दो कहानियों 'नमक का दरोगा' और 'कफ़न' में से कला की दृष्टि से 'कफ़न' को ही मान्यता दी जाती है। वह कहानी केवल दलित मानव का चित्रण होने पर भी अत्यन्त प्रिय हुई है। अनेक भाषाओं में उसका अनुवाद हो जाना इसका प्रमाण है।

कुछ लेखक प्रेरणा को बहुत महत्त्व देते हैं। यदि प्रेरणा का विश्लेषण और

स्पष्टीकरण किया जाय तो उसे हम कथाकार या कथा-शिल्पी की अपनी अनुभूति कहेंगे जो उसमें अभिव्यक्ति के लिए इच्छा और स्फूर्ति उत्पन्न करती है। ऐसी प्रेरणा के लिए समाज के जीवन और समस्याओं के प्रति जागरूक रहना आवश्यक है, परन्तु प्रेरणा से अभिव्यक्ति की इच्छा और उसके लिए स्फुरण उत्पन्न हो जाने से ही कहानी नहीं बन जाती। उसके लिए एक प्रक्रिया की आवश्यकता होती है जिसे अभिव्यक्ति का शिल्प कहा जा सकता है। वह साधना और अभ्यास के बिना पूर्ण और परिष्कृत नहीं हो सकता।

साहित्य और जीवन

बहुत गम्भीर प्रश्न आज साहित्यिकों और कलाकारों को बेचैन कर रहा है—सद्साहित्य और सद्कला या उत्कृष्ट साहित्य और उत्कृष्ट कला की कसौटी क्या मानी जाए?

अनेक लोगों का आग्रह है कि साहित्य और कला की श्रेष्ठता और उत्कृष्टता की कसौटी साहित्य और कला का जन-जीवन से निकटतम सम्पर्क माना जाना चाहिए। ऐसे लोग उसी साहित्य और कला को श्रेय और प्रेय मानना चाहते हैं जो जन-जीवन को प्रतिबिम्बित और जन की भावनाओं और महत्त्वाकांक्षाओं को प्रतिध्वनित करे।

यह युग जनता-जनार्दन का है, जनवाद और प्रजातन्त्र का है। इस युग में जन-भावना और जनहित की दुहाई देना आवश्यक हो गया है, इसलिए कम-से-कम नारे और ललकार के रूप में साहित्य और कला के प्रयोजन, सफलता और श्रेष्ठता की कसौटी जन-सम्पर्क और जनहित मानने से इनकार करने का साहस कम ही लोगों को हो सकता है। जनता को अपने उपयोग की वस्तु मानने वाले, अपनी स्वार्थ-सिद्धि और महत्त्वाकांक्षाओं के लिए जनता नसैनी और जीना बनाने वाले भी जन-सम्पर्क और जनहित के नारे में सबसे ऊँचा स्वर मिलाने के लिए बाध्य हैं। जो लोग जनता को भी स्वार्थ और अपनी महत्त्वाकांक्षा की सिद्धि का साधन बनाते हैं, वे साहित्य

और कला को किस लक्ष्य का साधन समझेंगे? परन्तु साहित्य और कला का प्रयोग यदि दूसरे प्रयोजनों के लिए करना हो तो जनता को जन-सम्पर्क और जनहित के नारों और ललकारों से बहरा करके जन-सम्पर्क और जनहित को नयी व्याख्याएँ और नये रूप दे देना आवश्यक हो जाता है। यदि आपके पास नारे और ललकारें बुलन्द करने के लिए लाउडस्पीकर हों, समूह को चकाचौंध करने के लिए आतिशबाजी हो और जनता की जीभ पनियाकर उसे मूक रखने के लिए लेमनड्राप हों तो जनहित और जन-सम्पर्क के किसी भी नये विचार और व्याख्या का डंका बजा दिया जा सकता है।

जनहित और जन-सम्पर्क क्या है, इस विषय में भले ही परस्पर कपाल-क्रिया हो जाये, परन्तु जनहित और जन-सम्पर्क के सिद्धान्त और लक्ष्य से इनकार करने का सहास इस युग में विरले ही साहसी मनीषी कर सकेंगे।

इस युग में जनहित और जन-सम्पर्क के लक्ष्य और सिद्धान्त की इतनी विजय भी कम उत्साह की बात नहीं। जो कुछ सिद्धान्त-रूप से स्वीकार कर लिया जाता है, उसके लिए व्यवहार में आ सकने की आशा हो जाती है—परन्तु ऐसे भी मनीषी हैं जो राजनीतिक और आर्थिक व्यवस्था में जनवाद को स्वीकार करके भी साहित्य और कला के क्षेत्र में जनवादी दृष्टिकोण को घातक समझते हैं।

प्रवाह में बह जाना कौन बड़ी बात है? मानवता को विकास और ऊँचे लक्ष्यों की ओर तो वही ले जाते हैं जो प्रवाह में न बहकर स्थितप्रज्ञ रहते हैं और जनता का दिग्दर्शन करते हैं। ऐसे मनीषी साहित्यिक और कलाकार जन-सम्पर्क और जनहित के नारों से बहक नहीं गये हैं। वे साहित्य और कला को जन-सम्पर्क के लिए जनता के स्तर पर नहीं गिरा देना चाहते, इन विशिष्ट कृतियों को जनता के सन्तोष और उपयोग की वस्तु नहीं बना देना चाहते। उनका कहना है कि जन और जनता सर्वसाधारण के पर्यायवाची हैं। साहित्य और कला का साधारण से क्या सम्बन्ध? असाधारण और विशिष्ट अभिव्यक्ति और कृति को ही साहित्य और कला माना जाता रहा है और माना जाना चाहिए। साहित्यिक और कलात्मक प्रयत्नों की सफलता उन्हें साधारण बना देने में नहीं है।

साहित्य और कला को विशिष्ट स्तर और वर्ग की वस्तु मानने वालों का मत है कि साहित्य और कला का विकास और सफलता, उन्हें जन और जनता के सम्पर्क में लाने के लिए साधारण बना देने में नहीं है। साहित्य और कला के प्रति ऐसा व्यवहार उनकी मूल भावनाओं और उद्देश्य के प्रतिकूल होगा। साहित्य और कला को सर्वसाधारण के शिश्नोदर की आवश्यकताओं और अनुभूतियों के लिए गम्य और उनसे सम्बद्ध पार्थिव और सामाजिक समस्याओं में उलझा देना अथवा लथेड़ देना, उसे नीरस और क्षणिक मूल्य का बना देना है।

साहित्य और कला का उद्देश्य और लक्ष्य स्थायी मूल्य की उच्चतर अनुभूतियों

और सन्तोष को उत्पन्न करना रहा है और होना चाहिए। साहित्य और कला की गति पृथ्वी और सर्वसाधारण के समतल और समानान्तर दिशाओं में चलने और बढ़ने में नहीं होनी चाहिए, अपितु उनकी गति अनुभूतियों और भावनाओं के आकाश-पाताल में कल्पना की ऊँचाइयों और अनुभूतियों की गहराइयों की ओर होनी चाहिए।

साहित्य और कला को विशिष्ट स्तर और वर्ग की वस्तु मानने वालों का कहना है—यदि साहित्य और कला अतीत में सर्वसाधारण की पहुँच और अनुभूतियों की चिन्ता से सर्वसाधारण से चिपटे रहते, उनके ही उपयोग की वस्तु बने रहते, यदि साहित्य और कला ने उनसे ऊँचे उठने का यत्न न किया होता या साहित्य और कला जन-सम्पर्क की धरती में गड़े हुए खूँटों से बँधे रहे होते तो साहित्य और कला की गगनचुम्बी और पाताल-स्पर्शी जो उपलब्धियाँ मनुष्य के गौरव रूप में आज प्रकाश-स्तम्भ बनी हुई हैं, वे न दिखलाई देतीं।

जन-सम्पर्क और जनहित के लिए साहित्य और कला को जन-स्तर की ओर झुकाना साहित्य और कला को नष्ट कर देना है। साहित्य और कला का विकास और उनकी सफलता उन्हें सामान्य, स्थूल पार्थिवता और सामयिकता में लथेड़ देने में नहीं है। साहित्य का निर्माण स्थूल-पार्थिव तत्त्वों और प्रेरणाओं से नहीं, मस्तिष्क और हृदय में उद्भूत सूक्ष्म अनुभूतियों और प्रेरणाओं से होता है। साहित्य का लक्ष्य भी स्थूल-पार्थिव समस्याएँ नहीं, अपितु मस्तिष्क और हृदय की सूक्ष्म अनुभूतियों का ही सन्तोष होना चाहिए। साहित्य का क्षेत्र पार्थिव बहिर्जगत् नहीं है। साहित्य का स्रोत हृदय की सूक्ष्मतम और गूढ़तम अनुभूतियों में होता है और उसे सूक्ष्मतम और गूढ़तम अनुभूतियों को ही तृप्त करना चाहिए। उत्कृष्ट साहित्य की कसौटी बहिर्मुखी प्रवृत्तियाँ नहीं, अपितु अन्तर्मुखी चेतनाएँ ही हो सकती हैं। अन्तर्मुखी अनुभूतियों और प्रवृत्तियों की श्रेष्ठता की कसौटी जन-सम्पर्क और जनमत को कैसे मान लिया जा सकता है? वह तो वस्तु ही विशिष्ट स्तर पर और वर्ग की है। साहित्य और कला को विशिष्ट विचार और अनुभूतियों की वस्तु मानकर साहित्य और कला को स्वयं अपना लक्ष्य स्वान्तःसुखाय मानने वाले मनीषियों का कहना है, यदि साहित्य और कला अतीत में सर्वसाधारण और जनता के सम्पर्क और स्तर से बँधे रहते तो आज न कालिदास, भवभूति, शेक्सपीयर, गेटे और दान्ते का साहित्य आपको मिलता और न अजन्ता, एलोरा और ताजमहल होते। कालिदास, भास और भवभूति की कविता ग्राम्य-गीतों से आगे न बढ़ी होती। अजन्ता, एलोरा और ताजमहल के स्थान पर पत्र-पत्रिकाओं में किसानों, मजदूरों की झोपड़ियाँ और घरौंदों के ही चित्र दिखाई देते। आप साहित्य और कला को जन-सम्पर्क और जनहित के नारों और ललकारों से जनता की धरती पर गिराकर सर्वसाधारण की आवश्यकता—पीड़ित भावनाओं और समझ से बाँध देंगे तो क्या होगा? साहित्य

और कला में चूहों और छछूँदरों के बिलों की ही चर्चा और चित्रण रहेगा, उसमें सूर्योदय की छटा, शरद-ज्योत्स्ना और आकाशगंगा को स्थान न मिल सकेगा। आज का साहित्य रेल और बस की भीड़, कपड़े और चीनी की महँगाई, परिवार-नियोजन और किसान, मजदूर और क्लर्क के शिश्नोदर की ही चर्चा करेगा, दुष्यन्त और शकुन्तला की भाव-विह्वलता की सूक्ष्म और उदात्त अनुभूतियों को नहीं छू सकेगा।

साहित्य और कला का उद्देश्य साहित्य और कला ही मानकर जनवाद के प्रवाद में दृढ़ रहने की प्रतिज्ञा करने वाले साहित्यिक मनीषी कहते हैं—हम गरिमा और गूढ़ताहीन, सामान्य और साधारण को ही प्रतिबिम्बित और प्रतिध्वनित करने वाले, थिथले प्रलाप को ही साहित्य मानने के लिए तैयार नहीं। हमारा नारा साहित्य के क्षेत्र में विशिष्टता की रक्षा है।

अनेक ऐसे अपने आप को जनवादी कहने वाले दुस्साहसी साहित्यिक हैं जो सीना ठोंककर कहते हैं—साहित्य समाज का दर्पण होता है। साहित्य समाज की भावनाओं, महत्त्वाकांक्षाओं और व्याकुलताओं की अभिव्यक्ति और गूँज होता है। हम और हमारा समाज जैसा है, हीन है तो, श्रेष्ठ है तो, वैसा ही हमारा साहित्य होगा। वैसा ही साहित्य हमारे विचारों की अभिव्यक्ति होगा, वही हमारी अनुभूतियों को सन्तुष्ट करेगा। जो साहित्य और कला हमारे लिए विचार और अनुभूतिगम्य नहीं है, वह साहित्य हमारे लिए मिथ्या है, या साहित्य का आडम्बर मात्र है। ऐसा साहित्य अन्तर्मुखी नशे की पिनक-मात्र है। हम पार्थिव रूप से असन्तुष्ट हैं, हमारे जीवित रह सकने के लिए पार्थिव संघर्ष अनिवार्य है और हमारा साहित्य उस संघर्ष में सहायक होगा। हमारे जीवन की आवश्यकताएँ, सम्भावनाएँ और गति अन्तर्मुखी नहीं बहिर्मुखी, पार्थिव, सामाजिक और सामूहिक है। हम अपने जीवन को व्यक्तिनिष्ठ और अन्तर्मुखी प्रवृत्तियों के भँवर में गहरे डुबोकर सफल नहीं बना सकते। न हम व्यक्तिवाद के राकेट में बैठ खग-मण्डल से इस पृथ्वी को करुणार्द्र दृष्टि से देख सकते हैं।

ऐसे जनवादी साहित्यिक कहते हैं—हम स्वयं जन हैं, विशिष्टता के अहंकार में हम जन की अवहेलना कर, असाधारणता, विशिष्टता और श्रेष्ठता को पा नहीं सकते, और न उसका दावा ही कर सकते हैं। हमारे साहित्य का आधार और मेरुदण्ड अनिवार्यतः जन-भावना और जन-अनुभूति है और होंगे। हमारे आज के जनवादी युग के साहित्य की श्रेष्ठता की कसौटी जनता की परख ही होगी—हमारा साहित्य, जनता का साहित्य, जनता द्वारा साहित्य और जनता के लिए साहित्य।

साहित्य से सम्पर्क रखकर, साहित्य के प्रयोजन और कसौटी के प्रश्न पर तटस्थता का दावा दम्भ ही जान पड़ेगा, उपहासजनक भी हो सकता है। फिर भी साहित्य के प्रयोजन और देश-काल के प्रसंग से साहित्य की गति के सम्बन्ध में अपने विचार कह डालने में क्या हरज है? कहने और सुनने की शर्त यह नहीं है

कि बात मान ही ली जायेगी।

1. साहित्य की सफलता और श्रेष्ठता की कसौटी जनवादी दृष्टिकोण हो अथवा विशिष्ट वर्ग का मानसिक सन्तोष, इस प्रश्न पर विचार करते समय एक बार साहित्य की परिभाषा को याद कर लेना अप्रासंगिक नहीं होगा। साहित्य की परिभाषाएँ अनेक हैं। उनमें परस्पर विरोध न होने पर भी, सबकी चर्चा एक साथ करने से उलझाव ही होगा। प्रसंगवश एक परिभाषा का उल्लेख ऊपर हो भी गया है—साहित्य समाज का दर्पण है। यह परिभाषा विवादास्पद हो सकती है। कुछ लोग समाज का अर्थ सुसंस्कृत, विशिष्ट वर्ग को ही समझते हैं और कुछ लोग समाज को जन का पर्यायवाची समझते हैं। साहित्य की कोई मौलिक परिभाषा पेश करने का दावा नहीं है।

2. साहित्य को विशिष्ट वर्ग की वस्तु बताने वालों की मान्यता और बहुत पुरानी परिभाषा है—'रसात्मकं वाक्यं काव्यम्'। आधुनिक बोलचाल की भाषा में कहा जा सकता है—रसोद्रेक करने वाली अभिव्यक्ति साहित्य होती है।

हम साहित्य के निर्माण की प्रक्रिया की कल्पना इस प्रकार करेंगे—साहित्यिक अथवा कलाकार के मन अथवा मस्तिष्क में रसमय कल्पना का स्फुरण होता है। जब साहित्यिक अथवा कलाकार उस रसमय कल्पना की अभिव्यक्ति करता है, उसके वाक्य अथवा अभिव्यक्ति साहित्य बन जाती है।

ज़रा ध्यान देने की बात है कि रसमय भाव अथवा कल्पना जब तक साहित्यिक अथवा कलाकार के मन और मस्तिष्क में समाहित रहेगी, वह भावना अथवा कल्पना ही रहेगी, साहित्य नहीं बन पायेगी। साहित्य बन सकने के लिए अथवा कल्पना का बहिर्मुखी होकर अभिव्यक्त होना, उद्‌गाता के मन और मस्तिष्क से प्रकट होकर अन्य जनों, श्रोताजन और पाठकजन के सम्पर्क में आना आवश्यक है। भावनाएँ और कल्पनाएँ व्यक्तिगत रहने की अवस्था में साहित्य नहीं बन सकतीं, वे सामाजिक हो जाने पर, जन-सम्पर्क में आने पर ही साहित्य बन सकती हैं। साहित्य के निर्माण की प्रक्रिया ही विचारों, भावनाओं और कल्पनाओं का जन-सम्पर्क में आना है। प्रश्न यह है कि 'कौन' साहित्यिक और कलाकार 'किस' जन के सम्पर्क में आना चाहता है, किस जन को अपनी अनुभूतियों के सम्पर्क का अधिकारी समझता है और किन्हें सम्बोधन करना चाहता है?

साहित्य और कला के क्षेत्र में वैयक्तिक रुचि अथवा अरुचि के आधार पर पसन्द या नापसन्द के लिए सदा से अवसर रहा है, परन्तु साहित्य की सफलता की कसौटी व्यक्तिगत नहीं, सामाजिक ही है। फिर प्रश्न यह उठ खड़ा होगा कि आप समाज किसे समझते हैं?

हम-सब में थोड़ी-बहुत अहम्मन्यता होती है। समाज का अर्थ हम अपने-जैसे लोगों को ही समझना चाहते हैं और अपनी ही दृष्टि से साहित्य की उत्कृष्टता और

उसके स्थायी मूल्यों को निश्चित करना चाहते हैं परन्तु साहित्य के क्षेत्र में क्या व्यापक और स्थायी मूल्य हो सकते हैं? बदलती हुई परिस्थितियों ने किन मूल्य को व्यापक और स्थायी रहने दिया है?

स्थायी मूल्यों की कसौटियों की चर्चा हो तो सबसे पहले कालिदास के काव्य की ही याद आयेगी। परन्तु क्या कालिदास के काव्य की रसानुभूति तत्कालीन सामाजिक व्यवस्था और तत्कालीन सामाजिक मान्यताओं से सम्बद्ध और सीमित नहीं थी? कालिदास की रचनाएँ संस्कृत में हैं, परन्तु उसके नाटकों में जहाँ भी साधारणतः स्त्री पात्रों तथा सामान्य वर्ग के सम्भाषण आये हैं वे संस्कृत में नहीं, प्राकृत में मिलते हैं। यह स्पष्ट प्रमाण है कि कालिदास ने अपनी रचनाएँ संस्कृत समझने वाले विशिष्ट वर्ग के लिए ही की थीं। प्राकृत का प्रयोग उसने सामाजिक यथार्थ की रक्षा के लिए किया था, प्राकृत बोलने वाले हीनवर्ग के सन्तोष के लिए नहीं। साहित्य को विशिष्ट वर्ग की ही वस्तु मानने वाले कालिदास के उदाहरण को अपने लिए आदर्श मान सकते हैं। परन्तु क्या वे कालिदास के समय की सामन्तवादी सामाजिक और राजनीतिक व्यवस्था को भी पुनः समाज में ला सकेंगे? समाज की आर्थिक और राजनीतिक बागडोर सँभालने वाला वर्ग ही समाज का प्रतिनिधित्व करता है। समाज के जिस वर्ग के हाथ में आर्थिक और राजनीतिक व्यवस्था की बागडोर रहती है समाज उसी की मान्यताओं और महत्त्वाकांक्षाओं को प्रतिध्वनित और प्रतिबिम्बित करता है। आर्थिक और राजनीतिक व्यवस्था में जनता के अधिकारों की दुहाई देने वाले साहित्य के क्षेत्र में जनता को साहित्य की परख के निर्णय को कब तक अनाधिकारिक कह सकेंगे? यदि उन्हें ऐसी आत्मप्रवंचना से कोई सुख मिल सकता है तो जनवादी साहित्यिक उनसे क्यों ईर्ष्या करें?

कहानी का रहस्य

सुनें तो एक रहस्य बताऊँ—नामी हकीम, वैद्य, संगीतज्ञ, चित्रकार, रसोइये, बढ़ई, लुहार, दर्जी, माली, कुम्हार, पहलवान, ओझा, पाकेटमार, सब अपने हुनर का रहस्य रखते हैं। हुनर या कला की सफलता उसकी विशिष्टता से होती है। विशिष्टता का आधार होता है—रहस्य अर्थात् कला की कुंजी उसका रहस्य होती है। कलाकार अपनी विशिष्टता की रक्षा करना आवश्यक समझते हैं। पुरानी परिपाटी है कि कलाकार अपनी कला की कुंजी को आजीवन गुप्त रखते हैं। सुना है अनेक गुणी और ज्ञानी अपने कला-ज्ञान का रहस्य साथ ही ले गये।

कला के मर्म के जिज्ञासु कलाओं के रहस्यों की खोज में रहते हैं। 'नई कहानियाँ' की महफ़िल में प्रायः ही कहानी-कला के मर्म और रहस्यों की चर्चा और परख होती रहती है। मान लीजिए, अपने से बढ़ गये कलाबाजों के अखाड़े में देखकर मैं सरक जाने का समय देख रहा हूँ इसलिए कहानी-कला का रहस्य पकड़ पाया हूँ, बता देना चाहता हूँ।

कहानी-कला के रहस्य बताने का निमन्त्रण गर्वोक्ति समझा जा सकता है, पर इस गर्वोक्ति से किसी को हानि की सम्भावना नहीं। बताये गये रहस्यों को आज़माने की मज़बूरी किसी को नहीं। सुनने पर यदि रहस्य विश्वसनीय न जँचे तो सुनाने वाली की फ़जीहत मानिए।

रहस्य जानना है तो ज़रा संयम से सुनिए। कहानी गढ़ने-लिखने की कला साहित्य का अंग समझी जाती है। साहित्य को समाज या मानव के जीवन का दर्पण कहा जाता है। कुछ लोग कहते हैं, मानव अथवा समाज के जीवन का बिल्कुल यथातथ्य, हू-ब-हू प्रतिबिम्ब ही साहित्य होता है। कहानी की परिचर्चा में यह भी सुना है कि जीवन के किसी टुकड़े को हू-ब-हू प्रस्तुत कर देना, जीवन को सीधे छू देना ही अच्छी और नई कहानी होती है। विश्व-साहित्य की अनेक पुरानी और नई अच्छी कहानियाँ परख की दृष्टि से पढ़ने पर लगा है कि जीवन के जिस-तिस छोटे या बड़े टुकड़े के हू-ब-हू प्रतिबिम्ब को अच्छी कहानी नहीं कह दिया जा सकता। जीवन के प्रतिबिम्ब यथातथ्य होने से ही हमारे मन को छूकर संवेदन नहीं उत्पन्न कर सकते। मन को छूकर संवेदन उत्पन्न कर सकने के लिए साहित्य और कहानी में जीवन के यथातथ्य प्रतिबिम्ब के अतिरिक्त किसी और गुण की भी आवश्यकता होती है। जीवन के प्रस्तुत किये प्रतिबिम्ब में कोई चमत्कार भी होना चाहिए।

साहित्य और अच्छे साहित्य का रहस्य ऐसा चमत्कार होता है जो मन-मस्तिष्क में संवेदन उत्पन्न कर सके, व्यक्ति और समाज की भावनाओं को जगा सके या छू सके। सफल कहानी का रहस्य जीवन के प्रतिबिम्बों की रगड़ से ऐसी चिनगारियाँ या स्फुल्लिंग उत्पन्न कर सकना है जो समाज की भावनाओं को चौंका सके और उसमें स्पन्दन उत्पन्न कर सके।

कहानी-कला का वास्तविक रहस्य यह जान लेने में है कि सभी घटनाएँ या तथ्य हमारी भावनाओं को नहीं छू सकते, अथवा हममें भावोद्रेक नहीं उत्पन्न कर सकते। घटनाएँ अथवा तथ्य हमें तभी द्रवित करते हैं जब उनसे हमारा कोई सम्बन्ध अथवा भावात्मक सम्पर्क होता है। तथ्यों अथवा घटनाओं से हमारे सम्बन्धों अथवा सम्पर्कों की कड़ी उनके प्रति हमारे भाव और विचार होते हैं। जब घटनाओं और तथ्यों का हमारे विचारों अथवा भावों से कोई सम्बन्ध अथवा सम्पर्क नहीं होता तो वे हममें कोई चिन्ता, भावना या संवेदन उत्पन्न नहीं कर सकते। प्रतिकूल इसके कोई समाचार तथ्य न होने पर भी यदि हमारे भावना-क्षेत्र को छू लेता है तो हम चिन्ता और संवेदन अनुभव कर लेंगे। इसलिए मानना होगा कि साहित्यिक क्षेत्र में महत्त्व तथ्यों का नहीं, महत्त्व है तथ्य अथवा कल्पित चमत्कारिक प्रतिबिम्बों द्वारा—चाहे वे झूठे और कल्पित ही हों, को छू सकने और संवेदन उत्पन्न कर सकने का।

अच्छी कहानी का रहस्य है कि वह जीवन का केवल हू-ब-हू प्रतिबिम्ब नहीं होती। साहित्य और कहानी की सार्थकता प्रतिबिम्बों अथवा दृष्टान्तों के माध्यम से भावनाओं को छूने और संवेदन उत्पन्न करने में होती है। यह काम मुख्यतः तथ्यों से नहीं, अपितु कल्पना से जीवन और समाज के यथार्थ की दृष्टान्त के रूप में

साकार करके अथवा प्रस्तुत करके किया जाता है।

तथ्य और यथार्थ एक ही बात अथवा समानार्थक नहीं होते। तथ्य जीवन की स्थूल घटनाएँ होती हैं और यथार्थ समाज में घटनाओं को उत्पन्न करने वाले कारण, परिस्थितियाँ और उनके विषय में ज्ञान और उनसे हमारा सम्पर्क होता है। यह बात शायद उदाहरण से अधिक स्पष्ट हो सकेगी।

एक तथ्य सुनिए—आज सुबह एक निर्धन परिवार के बालक को चोरी के अपराध में पीटा गया। इस घटना अथवा तथ्य मात्र का विवरण शायद बहुत भावुक और हृदयस्पर्शी नहीं हो सकेगा। या कम-से-कम याद रहने लायक और विचार अथवा चिन्तन के योग्य कहानी नहीं हो सकेगी। इस विवरण को समाचार ही कह सकेंगे, कहानी अथवा साहित्य नहीं।

कल्पना कीजिए कि आप इस तथ्य को लेकर कहानी लिखें तो वह कहानी चोरी करने वाले निर्धन बालक को दण्ड मिलने के उदाहरण से चोरी न करने की शिक्षा भी दे सकती है। परन्तु इस तथ्य घटना या उदाहरण की सामर्थ्य केवल इतनी ही नहीं समझी जानी चाहिए। यदि हम निर्धन बालक के चोरी के अपराध में पिटने की घटना की परिस्थितियों के यथार्थ का कल्पना द्वारा विश्लेषण करें तो इस घटना का उपयोग और सामर्थ्य बहुत व्यापक हो सकेगी। इस उदाहरण का प्रयोग हमारे सामाजिक जीवन की अनेक परिस्थितियों और यथार्थ को प्रतिबिम्बित करने अथवा उनका उद्घाटन करने के लिए हो सकेगा। ऐसे उदाहरणों के प्रसंग से हम जिस यथार्थ अथवा जिस परिस्थिति को प्रकट करते हैं, वे घटना के समान प्रत्यक्ष नहीं होते। हम घटनाओं की परिस्थितियों और कारणों के ज्ञान से उस यथार्थ का उद्घाटन करके उन्हें प्रतिबिम्बित करते हैं। इसी से पाठक के मन में संवेदना अथवा चिन्ता उत्पन्न होती है। सप्रयोजन और सचेत बौद्धिक स्तर की कहानी का यही काम होता है।

ग़ौर कीजिए, निर्धन बालक के चोरी के अपराध में पिटने की घटना को माता-पिता द्वारा बालक को उचित शिक्षा न देने का उदाहरण बताया जा सकता है। ऐसे दण्ड को उचित बताकर इस विवरण से सन्तोष अनुभव किया जा सकता है। कोई लेखक अबोध बच्चे पर ऐसे प्रभाव के लिए माता-पिता को उत्तरदायी बता सकता है, और बच्चे को नहीं। माता-पिता को ही दण्ड दिये जाने का सुझाव दे सकता है। इस तथ्य या घटना का कारण असंस्कृत पारिवारिक परिस्थितियाँ या प्रभाव भी समझे जा सकते हैं। ऐसे अपराधों के कारण निर्धन बच्चों के परिवारों की दयनीय आर्थिक अवस्था में खोजे जा सकते हैं। किसी को ऐसे बच्चों की गिरावट के कारण समाज में जीविका के उचित अवसर की कमी प्रतीत हो सकती है। बच्चे के इस अपराध के लिए उसमें अथवा उसके माता-पिता में मनोवैज्ञानिक प्रभावों को खोजा जा सकता है। ऐसे अपराध के कारण समाज का आर्थिक

विषमता से दूषित वातावरण अथवा समाज में फैली हुई व्यापक धाँधली भी बताये जा सकते हैं—ऐसी धाँधली, जिसमें समाज के उच्चतम और निम्नतम वर्गों के अधिकांश लोग फँसे हुए हैं। इस अपराध से एक श्रेणी की अवस्था पर प्रकाश डालकर श्रेणी-हीन—सबके लिए समान अवसर देने वाली—व्यवस्था के लिए क्रान्ति का सुझाव भी दिया जा सकता है। चोरी के अपराध में बच्चे का पिटना एक घटना अथवा स्थूल तथ्य है। इस तथ्य अथवा कल्पित घटना को लेकर कहानी लिखते समय यथार्थ को लेकर कहानी की जो पृष्ठभूमि बनाई जायेगी, वही कहानी के रूप को निश्चित करेगी। एक ही तथ्य से अनेक प्रकार की कहानियाँ बन सकेंगी अर्थात् महत्त्व तथ्यों का नहीं, समझे जा सकने वाले यथार्थ का होता है।

याद रखने लायक बात यह है कि कहानी घटनाओं या तथ्यों का विवरणमात्र नहीं होती। कहानी घटना के कारणभूत रहस्यों, मानव-जीवन के रहस्यों, घटनाओं से हमारा सम्पर्क, उससे सम्बद्ध हमारी अनुभूतियों और प्रतिक्रियाओं का ब्यौरा होता है।

एक ही तथ्य अथवा घटना से अनेक कहानियाँ बन सकती हैं, क्योंकि प्रत्येक घटना की परिस्थितियों और परिवेशों में जीवन के अनेक पहलुओं के यथार्थ रहते हैं। घटना से क्या और कैसी कहानियाँ बनती हैं, यह इस बात पर निर्भर करेगा कि घटना के सम्बन्ध में लेखक अथवा कलाकार की अनुभूति और दृष्टिकोण क्या और कैसे हैं और घटना ने लेखक अथवा कलाकार में किस भाव को स्पंदित किया है। कुछ लेखक और कलाकार घटनाओं अथवा तथ्यों को परम्परागत विश्वासों के दृष्टिकोण अथवा संस्कारों से ही देखते अथवा तौलते हैं। गाँधीजी ने एक रोगी बछड़े का कष्ट समाप्त करने के लिए इंजेक्शन द्वारा उसे समाप्त करवा दिया था। गाँधीजी ने यह काम बछड़े के प्रति दया और अंहिसा की भावना से किया था। कुछ लोगों को गाँधीजी का यह काम, परम्परागत संस्कारों के कारण, गो-हत्या का भयंकर अपराध और हिंसा जान पड़ा था। कुछ लोग तथ्यों के यथार्थ की वस्तुगत परख से जाँच कर अपने दृष्टिकोण और संस्कारों को बदलने के लिए तैयार रहते हैं और ऐसी ही प्रेरणा अपनी अभिव्यक्तियों से देना चाहते हैं।

स्थूल में तथ्य घटना का उतना महत्त्व नहीं होता, जितना कि घटना के सम्बन्ध में अनुभूति, दृष्टिकोण और यथार्थ की समझ का होता है। उदाहरण के लिए दो कहानियाँ पेश हैं। अश्कजी की कहानी 'बेबसी' उनके कहानी संग्रह 'पंलग' में सम्मिलित है। 'तुमने क्यों कहा था मैं सुन्दर हूँ?' मेरी पुरानी कहानी है। इस कहानी के लिए प्रचार की आवश्यकता नहीं। यह मेरे इसी शीर्षक के कहानी संग्रह में सम्मिलित है। इस कहानी का अनुवाद अनेक भाषाओं में हो चुका है। इन दोनों कहानियों की प्रेरणा का आधार एक ही तथ्य अथवा घटना है।

सन् 1950 की ग्रीष्म में मैं अल्मोड़ा में था, अश्कजी रानीखेत में थे। मेरा उपन्यास 'मनुष्य के रूप' सन् 1949 में प्रकाशित हुआ था। अश्कजी ने रानीखेत

में 'मनुष्य के रूप' पढ़ा। उपन्यास के कुछ प्रकरणों के सम्बन्ध में चर्चा करने के लिए वह अल्मोड़ा आ गये थे। चर्चा का विषय था—कहानियों अथवा उपन्यासों में सेक्स के यथार्थ का वर्णन किस सीमा तक उचित हो सकता है? इसी प्रसंग में अश्कजी ने एक अनुभव सुना डाला। उनका अनुभव मेरे मन को छू गया। उनसे अनुरोध किया—अनुभव तुम्हारा है परन्तु अनुमति दो तो इस पर कहानी लिख डालूँ?

अश्कजी ने इनकार कर दिया—नहीं, यह अनुभव मेरा है, जब भी उचित समझूँगा या बन पड़ेगा, स्वयं इसका उपयोग करूँगा।

अश्कजी से सुनी घटना उनका अनुभव था। उन्होंने इनकार कर दिया तो उसे उपयोग में लाने का अधिकार मुझे नहीं था, परन्तु मैंने उस घटना से सम्बद्ध समस्या अथवा यथार्थ की कचोट को बहुत गहराई से अनुभव किया था। उस समस्या अथवा यथार्थ में एक विचार निहित था या उसके अनुभव ने मुझे एक नया विचार दिया। अनुभव तो अश्कजी का था, परन्तु विचार अश्कजी का नहीं था इसलिए उसे प्लेगयरिज्म या साहित्यिक स्तेय नहीं कहा जा सकता। उस विचार का उद्घाटन मुझे आवश्यक लगा। मैंने उस विचार को प्रतिबिम्बित करने के लिए एक घटना अथवा प्लाट की कल्पना बाँध ली। उस घटना को विश्वसनीय बना सकने योग्य पात्रों की कल्पना कर ली। परिणाम हुआ 'तुमने क्यों कहा था मैं सुन्दर हूँ?' कहानी।

यहाँ प्रश्न 'बेबसी' और 'तुमने क्यों कहा था मैं सुन्दर हूँ?' कहानियों की सफलता, असफलता और उनकी तुलना का नहीं है। 'बेबसी' कहानी निर्विवाद रूप से जीवन के अनुभव की कहानी है। 'तुमने क्यों कहा था मैं सुन्दर हूँ?' एक विचार के आधार पर कल्पना से गढ़ी कहानी है। उसका अनेक भाषाओं में अनुवाद हो जाना उसकी सफलता की कसौटी, मान ली जा सकती है। उदाहरण का प्रयोजन तथ्य घटना की तुलना में यथार्थ के आधार पर कल्पना द्वारा रचना की व्यापक सम्भावना की ओर संकेत करना है।

ऊपर के उदाहरण से स्पष्ट है कि विचारों और यथार्थ की अनुभूति के आधार पर एक ही घटना से अनेक कहानियाँ बन सकती हैं। रहस्य बता दिया है कि 'तुमने क्यों कहा था मैं सुन्दर हूँ?' कहानी का विचार अश्कजी के अनुभव से लिया है। अश्कजी ने लिखा है—'बेबसी' कहानी प्रकाशित होने पर काफ़ी चर्चा हुई थी। 'तुमने क्यों कहा था मैं सुन्दर हूँ?' के प्रकाशित होने पर भी थोड़ी-बहुत चर्चा हुई ही थी। सम्भव है, अश्कजी का ध्यान उस कहानी की ओर गया हो या न गया हो, परन्तु अश्कजी ने कभी यह शिकायत नहीं की कि मैंने उनके अनुभव का उपयोग कर लिया है। साहित्य और कहानी के क्षेत्र में तथ्य, अनुभव और यथार्थ की तुलना पर बात करते समय मैंने कुछ समझदार पाठकों को 'बेबसी' और

'तुमने क्यों कहा था मैं सुन्दर हूँ?' कहानियों को एक ही अनुभव का परिणाम बताया। उनका विचार था कि दोनों कहानियाँ बिल्कुल भिन्न हैं, उनका विषय भी भिन्न है। 'बेबसी' कहानी का विषय है—काम-विह्वल नारी के व्यवहार के प्रति एक व्यक्ति की वितृष्णा। 'तुमने क्यों कहा था मैं सुन्दर हूँ?' का विषय है जिजीविषा अर्थात् जीवन की इच्छा और कामेच्छा को अन्योन्याश्रय होना। अश्कजी और मेरी कहानियों का आधार एक ही स्थूल अनुभव होने पर भी प्रतिपाद्य विचारों के भेद ने उन्हें दो स्वतन्त्र कहानियाँ बना दिया।

सुनिए, दो पृथक् प्रतिपाद्य विचारों के कारण एक ही अनुभव के दो स्वतन्त्र कहानियाँ बन जाने का उदहारण दिया गया है। यह भी बता दिया है कि दोनों कहानियाँ दो पृथक् स्वतन्त्र घटनाएँ अथवा अनुभव जान पड़ती हैं, क्योंकि उनके कथानक भिन्न-भिन्न हैं। मेरे कथानक के विषय में यह कहा जा सकता है कि विचार तो मैंने अश्कजी के अनुभव से पाया, उस विचार की अभिव्यक्ति के लिए दृष्टान्त यथार्थ की अपनी समझ से, विश्वसनीय कल्पना द्वारा बना लिया है। इस उदाहरण से दो बातें स्पष्ट करना चाहता हूँ, एक, विचार आ जाने पर घटना ढूँढ़ते-फिरने की आवश्यकता नहीं, वह कल्पना से बना ली जा सकती है। दूसरी, यदि मैं हू-ब-हू अश्कजी की अनुभूत घटना का उपयोग करता तो जिस विचार पर मैं बल देना चाहता था वह नहीं जमता। निष्कर्ष निकलता है, कहानी में कथानक का महत्त्व बहुत अधिक होता है, उतना ही जितना प्राणों के लिए शरीर का। क्लाइमेक्स को मैं कहानी लिखने के सम्पूर्ण श्रम की उपलब्धि मानता हूँ। यह कैसे माना जा सकता है कि अच्छी या नई कहानी का विचारों या आइडिया से कोई सम्बन्ध होना जरूरी नहीं है?

कहानी के सम्बन्ध में दूसरा रहस्य है, कथानक अथवा प्लाट का गठन। मेरा विश्वास और अनुभव है कि व्यवसायी कहानी-लेखक का काम जीवन के स्थूल अनुभवों या केवल घटनाओं पर भरोसा करने से नहीं चल सकता। किसी भी लेखक के जीवन में कहानी का रूप दिये जा सकने योग्य कितने अनुभव हो सकते हैं? यदि निरन्तर कहानियाँ लिखते रहना है तो लेखक को कल्पना से अनुभवों की सृष्टि करनी होगी। व्यक्तिगत अनुभवों के लिए काल और देश की सीमाएँ होती हैं, परन्तु कल्पना से अनुभव गढ़ने का क्षेत्र अपेक्षाकृत निस्सीम हो सकता है। कहानी के व्यवसाय से निर्वाह चला सकने का रहस्य कल्पना से विश्वास-योग्य घटनाएँ गढ़ सकना है।

इस समय तक मेरी दो सौ से अधिक कहानियाँ और आठ उपन्यास प्रकाशित हो चुके हैं। सच मानिए, चार-पाँच कहानियों या उपन्यासों में वर्णित कुछेक उड़ती-उड़ती घटनाएँ ही मेरे निजी अनुभव हैं, शेष सब कल्पना ही हैं। अपनी सफलता की कसौटी यह समझता हूँ कि मेरी किसी भी कहानी या उपन्यास में

वर्णित किसी घटना के सम्बन्ध में किसी पाठक या आलोचक ने सन्देह प्रकट नहीं किया। यह कभी सुनने को नहीं मिला कि ऐसा नहीं हो सकता। विश्वसनीय कथानक बना सकने की क्षमता ही कहानी लिखने की कला है और उसे अच्छा क्लाइमेक्स दे सकना कहानी-कला का क्लाइमेक्स यानी पूर्णता है। विचार को मैं कहानी का उद्देश्य या प्रयोजन मानता हूँ, जिससे कहानीकार अथवा कलाकार का श्रम सार्थक होता है।

रहस्य यह है कि हम सब कहानी-उपन्यास-लेखक पेशेवर झूठे गवाहों की तरह हैं और हमें मँजे हुए झूठे गवाह होना चाहिए। सफल झूठा गवाह वह है जो गवाहों की नींव से शिखर तक ऐसा पोढ़ा बना सके कि उसके झूठ की सच्चाई में चतुर-से-चतुर वकील की जिरह और अति सूक्ष्मदर्शी जज भी झूठ की दरार न पकड़ सके। तभी वह अपने मुवक्किल को मुकद्दमा जितवा सकता है। हम कहानी-उपन्यास-लेखक भी अपने विचारों या संकल्पों की अभिव्यक्ति के लिए अथवा पाठकों के मनोरंजन के लिए कल्पना से कथानक के रूप में गढ़ते हैं। कल्पना से ऐसा झूठ गढ़ते समय हमें नहीं भूल जाना चाहिए कि समझदार पाठक जज बनकर हमारी कहानी सुन रहे हैं और आलोचक हमारे प्रतिपक्षी वकील हैं जो हमारे बयानों में अन्तर्विरोध खोजकर हमें उखाड़ देने का यत्न करेंगे। मेरा तो ख्याल है, यदि किसी भी कहानी या उपन्यास को पढ़कर एक भी पाठक या आलोचक ने कह दिया—बकवास है, ऐसा कैसे हो सकता है, विश्वास नहीं जमा, तो मैं उस कहानी-उपन्यास को असफल कहूँगा। कल्पना के सत्य को तथ्य की तरह विश्वास योग्य और कलात्मक झूठ को सच बना सकना ही कहानी की कला है। अपनी इसी सफलता के दम्भ में मैंने अपने सबसे बड़े उपन्यास का नाम 'झूठा सच' रखा। रहस्य बता दूँ कि इस 1250 पृष्ठ के उपन्यास में कोई भी घटना मेरा निजी या आँखों-देखा अनुभव नहीं है। मैं अपने चारों ओर जिस यथार्थ को निरन्तर अनुभव करता रहा हूँ, उसी के आधार पर यह काल्पनिक ढाँचा गढ़ा गया है।

कहानी की रुचिरता या सफलता उसकी नवीनता में ही होती है। कहना चाहें तो कह लीजिए—नई कहानी अधिक सफल होनी चाहिए। ऐसा होना स्वाभाविक है। स्वाभाविक इसलिए है कि मनुष्य नित्य बदलता, नया होता रहता है। मनुष्य में आने वाला नित्य नयापन उसके स्थूल शरीर और व्यवहारों में बहुत धीरे-धीरे आता है। नयापन सबसे पहले आता है मनुष्य के विचारों में जिसे हम युग-बोध कहते हैं। विचारों में नयापन आ जाने पर या नयापन लाने के लिए भी कहानी में नयापन होना चाहिए। कहानी को नया बनाने का सबसे सुलभ उपाय है, कहानी से नये विचारों या नई दृष्टि की ध्वनि और अभिव्यक्ति। यदि आप कहानी की काया, प्लाट अथवा कथानक में नयापन ला सकें तो अच्छा ही है, परन्तु बिना प्लाट की कहानी की बात सोचेंगे तो धोखा खायेंगे। प्लाट या कथानकहीन कहानी

की कल्पना, कायाहीन अथवा अशरीरी व्यक्ति से संगति लाभ की इच्छा के समान होगी। आप अपनी कल्पना में चाहे कायाहीन संगति से सन्तुष्ट हो जायें परन्तु उस संगति का विश्वास दूसरों को नहीं दिला सकेंगे और न उसका लाभ दूसरों को पहुँचा सकेंगे। रही बात क्लाइमेक्स या कहानी की पूर्णता की तो क्लाइमेक्स ही कहानी की सफलता की झनकार होती है, जिससे कहानी अपना प्रभाव छोड़ जाती है।

मेरे विचार में तो कहानी लिखने का रहस्य है—परिस्थितियों की समझ से अभिव्यक्ति के योग्य विचारों को चुन लेना, उन विचारों की अभिव्यक्ति के योग्य कथानक की कल्पना कर लेना, उस कथानक अथवा घटना को विश्वसनीय बना सकने योग्य पात्रों की कल्पना कर लेना और उस बन्दिश को क्लाइमेक्स की झनकार की पूर्णता तक निबाह देना कि परिणाम में विचार बिना कहे स्पष्ट हो जायें। यही कहानी की सफलता है। यदि आप कहानी-कला के परिमार्जन के लिए प्लाट को सूक्ष्म बनाना चाहते हैं—चाहते हैं कि विचार कहे बिना संकेत से सुझाये जायें, कथानक अथवा प्लाट बोझिल न होकर विचार के सम्प्रेषण-मात्र के लिए हो और क्लाइमेक्स बिना किसी विभ्राट के हृदयंगम हो जाये तो मैं इस प्रयत्न को स्तुत्य समझूँगा, परन्तु कहानी में विचार, कथानक और क्लाइमेक्स का होना तो आवश्यक है ही। यदि आप नई कहानी की सफलता बिना आइडिया, प्लाट और क्लाइमेक्स की कहानी लिखने में समझते हैं तो मैं आपकी सफलता की शुभकामना तो कर सकता हूँ, परन्तु सफलता के विषय में मुझे आशंका रहेगी।

नई कहानी की बहस और बहक

अपना-अपना सौदा बेचने के लिए रेलवे जंकशन, सब्जी मण्डी या मछली वालियों का शोर प्रसिद्ध है। परन्तु आजकल कला के बाजार में और खासकर कहानी के बाजार में अपना-अपना सौदा जल्दी से, दूसरों से बढ़कर बेच सकने की होड़ भी कम नहीं है। लोगों ने समझाया, नामी और पुराना खोमचा या दुकान होने के दम्भ में आत्मतुष्ट रहने से काम नहीं चलेगा। ग्राहक ललकार और पुकार से खिंचता है। यह युग विज्ञापन से पाठक खींचने और खपत बढ़ाने का युग है। चलते और चालाक लोग पहले अपना सौदा निकाल देंगे। ग्राहकों की ज़रूरत पूरी हो जायेगी। तब तक तुम्हारा सौदा बासी हो जायेगा और यह ज़माना है 'नई कहानी' का, पुरानी-बासी का नहीं। सौदे पर से मक्खियाँ हाँकते बैठे रह जाओगे।

'अच्छी कहानी लो, अच्छी कहानी पढ़ो! नई कहानी लो, नई कहानी पढ़ो' के शोर से दिल दहल गया तो उखड़ न जाने और रोज़गार की चिन्ता से सोचना ही पड़ा कि ऐसी कहानी लिखनी ही होगी जिसे नई कहानी की एजेंनन्सि स्वीकार कर सके।

सुनते हैं साहित्यिक और कलाकार महान् होता है, परन्तु कला और साहित्य उसका रोज़गार भी होता है। उसकी महत्ता उसके रोज़गार से ही होती है। उसका उत्पादन और उसके

उत्पादन के सम्बन्ध में पारखियों की राय ही उसे महान्, और लघु बना सकती है, उसका अपना विश्वास नहीं। रोज़गार असफल होने पर वह जिन्दा ही नहीं रह सकेगा तो महत्ता को लेकर क्या करेगा? तब सम्भव है कि उसके मर जाने के बाद उसकी देन की विशेष व्याख्या करके उसके कुछ शिष्य उसका कोई स्मारक बनाने का आन्दोलन करें।

मुग्ध पाठकों की गोष्ठी में साहित्य का उल्लेख जीवन-द्रष्टा और प्रेरणास्रोत के रूप में हो सकता है, परन्तु साहित्य की महत्ता का बाज़ारू या व्यावसायिक विश्लेषण कीजिए तो उसकी महत्ता और सफलता पाठक को रिझा सकने, चहका सकने और बिक सकने में ही होती है। कला और साहित्य के एक्सचेंज में या बाज़ार में साहित्यिकों, और प्रकाशकों की गोष्ठी में लेखकों और साहित्यिकों का उल्लेख सेलर (माँग, खपने वाले, लगने वाले) के रूप में होता है। साहित्य के बाज़ार में सबसे अच्छे साहित्य को बेस्ट सेलर कहा जाता है। सेलर बनने, बनाने के लिए ही 'नई कहानी' और 'पुरानी कहानी' के महत्त्व पर बहस और बहक है।

साहित्यिक व्यवसाय की तीव्र प्रगति और विज्ञापन के युग में 'बेस्ट' का निर्णय अनाड़ी, अबोध पाठकों पर नहीं छोड़ा जा सकता। उनमें युग-बोध, तत्त्व-बोध, रस-बोध, भाव-बोध, सूक्ष्म-बोध औद दल-बोध जगाकर परख की समझ उत्पन्न करना आवश्यक है। पाठकों को बताना आवश्यक है कि बेस्ट क्या है? रुचि का निर्माण, दिग्दर्शन करने, सांस्कृतिक उत्थान और मान्यता के विकास के लिए निस्पृह भाव से यह भी बताना आवश्यक है कि बेस्ट वह नहीं, जो लगता है, प्रत्युत वह है जो बताया जाये, क्योंकि संस्कृति प्रकृति-दत्त नहीं होती, दीक्षा-दत्त होती है। पाठक को यह बताना आवश्यक है कि उसे क्या अच्छा लगता है? वह स्वयं तो नहीं जानता। विज्ञापन-कला की सफलता यह है कि ग्राहक या पाठक का 'विकास' करने के लिए उसकी रुचि को आक्रान्त करके अपना सौदा बेस्ट होने का विश्वास दिला दिया जाये। नया माल बेच सकने का सफल तर्क है दूसरे के सौदे को आउट ऑफ़ फ़ैशन प्रतिक्रियावादी और रूढ़िग्रस्त रुचि का प्रतीक कहकर ग्राहक को डिगा देना।

शुभचिन्तकों की चेतावनी है कि बाज़ार में जमे रहना है तो नये फ़ैशन का माल, 'नई कहानी' लाओ। अब रुचि 'नई कहानी' की है, माँग 'नई कहानी' की है, जिन्दा रहना है तो ऐसी कहानी लिखो जिसे 'नई कहानी' कहा जा सके। स्वान्तःसुखाय का दम्भ करने से क्या लाभ? लिखा तो पाठकों के लिए ही जाता है। 'नई कहानी' लिख सकने की चिन्ता हो गयी।

'नई कहानी' की विधा और तत्त्व का रहस्य जानने के लिए खोज आरम्भ की। 'नई कहानी' के प्रचार और विज्ञापन से नई कहानी की आवश्यकता तो स्वीकार कर ली है, लेकिन उसकी सीधी या अचूक पहचान कोई नहीं बताना

चाहता। पाठक इस विषय में क्या बता सकते हैं? 'नई कहानी' के लेखक और आलोचक ही बता सकते हैं, पर उनसे आशा करना व्यर्थ है। कौन कारखाना अपनी सफलता के नुस्खे और रहस्य बताता है? 'नई कहानी' की विधा और तत्त्व पहचान लेना इतना सरल होता तो सभी न 'नई कहानी' लिखने लगते, तब वह 'नई' क्या रह जाती?

'जिन खोजा तिन पाइयाँ, गहरे पानी पैठ' आख़िर 'नई कहानी' की पहचान मिली। पहचान का यह सूत्र 'नई कहानी' को एक बड़ी एजॅन्सि ने पुरानी या अच्छी कहानी पर व्यंग्य करते हुए असावधानी में दे दिया—

गठे-गठाए प्लाट की, क्लाइमेक्स की, अब क्या होगा की साँस-रोके उत्सुकता की ज़रूरत नहीं...कथोपकथन, चरित्र-चित्रण, देश-काल, कथानक, भाषा-शैली को...बराबर-बराबर लेकर, आइडिया के जल में खरल करके इग्ज़ैक्ट बनाने की ज़रूरत नहीं...नई कहानी को 'पुराण-पुरुषों' से अच्छी कहानी का सर्टिफिकेट नहीं लेना चाहिए...नई कहानी को एक आइडिया, सूक्ति और विट नहीं होना चाहिए...नई कहानी अपने ही मुहल्ले और समाज की आँखों-देखी उपलब्धि होनी चाहिए—नई कहानी के लेखक को कालिदास, सूर, तुलसी, शेक्सपीयर की तरह कल्पनाओं में नहीं भटकना चाहिए...दान्ते और मिल्टन की तरह काल्पनिक जगत् का निर्माण नहीं करना चाहिए...उन्हें सात समुद्र पार नीलम की झील में चाँदी के द्वीप पर स्वर्ण-कमलों की खेती नहीं करनी चाहिए...नई कहानी को भावुकता और बौद्धिकता से बचना चाहिए...आइडिया के लिए मैटर नहीं जुटाना चाहिए...बिना आइडिया के 'मैटर' को 'सीधे' छू कर पाठक तक पहुँचाना चाहिए...पाठक को बना-बनाया माल न देकर अपने अनुभव का हिस्सेदार बनाना चाहिए...कहानी 'कल्पना की कला' नहीं, 'अनुभव की कला' है...और उसे 'इग्ज़ैक्ट' हुए बिना ही 'ऑथेन्टिक' और 'विश्वसनीय' होना चाहिए।

नई कहानी के एक-दूसरे विशेषज्ञ और समर्थक ने बात दूसरे ही ढंग से कही है—

> ...पुरानी कहानी और नई कहानी का मूल भेद उसकी विधा और व्यंजना में है। कहानी का पुराना ढंग बहुत मांसल और बोझिल है। नई कहानी की विधा सूक्ष्म और विचार अथवा भाव-तत्त्व में केन्द्रित होती है। नई कहानी भूमिका के रूप में घटनाओं के वर्णन से मुक्त होती है, इसलिए सूक्ष्म होती है। कहानी जितनी ही हल्की, सूक्ष्म, स्लिम होगी, उतनी ही मॉडर्न होगी और भावस्पर्शी होगी। कहने और समझने की कला के विकास से बोझिल पार्थिव तत्त्वों का बोझ कहानी पर लादे रहने की क्या आवश्यकता है? उसे भाव या विचार के सम्प्रेषण के लिए संकेत-मात्र कर देना चाहिए। आज की परिष्कृत रुचि की तुलना में वह बाल-रुचि थी।...

... वर्तमान 'युग-बोध' घटना-वैचित्र्य से रस लेने का नहीं, विचार और भाव के सम्प्रेषण से रस-प्राप्ति का है। कला की यही विधा और प्रवृत्ति आधुनिक और नई है। उसे चित्रकला में, कविता में देखा जा सकता है और कहानी में भी होना चाहिए। कला को पार्थिव यथार्थ की अति स्थूलता से मुक्त कर भाव प्रस्तुत कर देने में ही कहानी का नयापन है और चित्रकला की भाँति यही कहानी का ऐब्स्ट्रैक्ट आर्ट है। परिमार्जित रुचि का सन्तोष स्थूल से नहीं, सूक्ष्म से होता है। आधुनिकता और परिष्कार फलों का छिलका, गूदा चबाने और गुठली चूसने में नहीं, जूस की चुस्कियाँ लेने गें है। नई कहानी जूस होती है।

नई कहानी के विशेषज्ञ और समर्थक की बात बहुत हद तक ठीक ही जँचती है। नई कहानी के विशेषण से प्रकाशित अनेक रचनाएँ ऐसी दिखाई देती हैं, जिनमें कोई घटना, घटनाक्रम, पात्रों का चरित्र और व्यवहार की परिणति नहीं मिलती। केवल लेखक के भाव के जूस की बूँदें ही उन रचनाओं में चिपचिपाती जान पड़ती हैं। पाठक को अनुभव होने-न-होने की परवाह करके नई कहानी का लेखक कह देता है—पीड़ा है, उन्माद है, देख रहा हूँ, सुन रहा हूँ, सोच रहा हूँ, डूब रहा हूँ—कहाँ, क्यों, कैसे—ऐसी जिज्ञासा को वह अब 'क्या होगा अब क्या होगा' की स्थूलता और कहानी का पुराना ढंग, बाल-बुद्धि की माँग समझता है। ऐसी अनेक कहानियाँ पढ़कर केवल यही अनुमान होता है कि नई कहानी का लेखक शायद अमुक बात कहना चाहता होगा, उस विचार या भाव को अनुभव कर लेना और उससे रागात्मक सम्बन्ध स्थापित कर लेना यह पाठक का काम रह जाता है। नयेपन को कहानी-कला का विकास क्यों न कहा जाये? इससे नई कहानी सूक्ष्म और हल्की हो जानी चाहिए, नई कहानी लिखने का काम बहुत ही हल्का हो गया होगा और उसे बिना किसी अभ्यास के पूरा किया जा सकता है। जो कहानीकार कहानी-कला के इस विकास के साथ नहीं चलेगा, मुँह की खायेगा, बाज़ार से धकेल दिया जायेगा। आशंका से सावधान हो जाना पड़ा।

समझ में आया कि कहानी के बाज़ार में पिछड़ रहे हैं, पुराने ढंग पर व्यर्थ माथापच्ची और श्रम का अपव्यय कर रहे हैं। आधुनिकता के नाम पर मार खाते-खाते बाल सफ़ेद होकर उड़ गये और अब 'पुराण पुरुष' कहकर जीवित दफ़ना दिये जाने की आशंका से कँपकँपी कैसे न आ जाती?

अब तक आइडिया (विचार) की अभिव्यक्ति के लिए विश्वास-योग्य घटना गढ़कर, घटना के उपयुक्त पात्रों के व्यवहार से अपने विचार के लिए पाठकों की रागात्मक अथवा बौद्धिक सहानुभूति पाने का प्रयत्न करते थे। कहानी लिखे बिना तो चारा नहीं परन्तु अब लिखनी होगी नई कहानी—बिना प्लाट के, बिना घटना के, पात्रों की रूप-रेखा का आश्रय न ले, विशेषतः बिना आइडिया के। कहानी का

आइडिया लेखक रिज़र्व रखे और पाठक पहेली बूझने का आनन्द पायें।

हवा पर से हवा में कुलाँच लेनी होगी और 'आत्मन्येवात्मना' (आत्मा में आत्मा से आत्मा को प्राप्त करने) की अपार्थिव सिद्धि प्राप्त करनी होगी। 'निर्गुण' सिद्धि से 'निगुर्ण' कहानी लिखनी होगी।

'निर्गुण' साधना से 'निर्गुण' अर्थात् नई कहानी लिखने की—प्लाट और क्लाइमेक्स के अलौकिक-अपार्थिव आलम्बन के अभाव में सूक्ष्म आनन्द दे सकने वाली सिद्धि, जिसमें हिन्दी का नई कहानी का लेखक विश्व-साहित्य में दुर्गम शिखरों पर आरूढ़ हो जाने का दावा कर रहा है, प्रकृति की अलौकिक देन ही माननी होगी, या गुरु की उसकी बाट बता सकते हैं, परन्तु नई कहानी की कोई जानी-मानी एजॅन्सि अपनी अलौकिक उपलब्धि का रहस्योद्घाटन करने को तैयार नहीं।

इस जाने-पहचाने नगर में किसी से ऐसी कृपा की आशा नहीं जो नई कहानी के ज्ञान के उद्‌गाता हैं, वे हमें जरा-जीर्ण मानकर ऐसे ज्ञान का पात्र नहीं समझते। इसलिए हम दत्तात्रेय की तरह किसी अजाने गुरु की तलाश में निकल पड़े। रेलवे स्टेशन की राह ली।

मुफ़स्सिल की पैसेंजर ट्रेन चल पड़ने की उतावली में फुंकार रही थी। आराम से सेकॅण्ड क्लास में जाने के लिए दाम अधिक लगते हैं। दूर तो जाना नहीं था। भीड़ से बचकर, एकान्त में नई कहानी के सम्बन्ध में सोच सकने और खिड़की से प्राकृतिक दृश्य देख सकने के लिए टिकट सेकॅण्ड क्लास का ही ले लिया।

गाड़ी छूट रही थी। सेकॅण्ड क्लास के एक छोटे डिब्बे को खाली समझकर, ज़रा दौड़कर उसमें चढ़ गये। अनुमान के प्रतिकूल डिब्बा निर्जन नहीं था। एक बर्थ पर लखनऊ की नदाबी नस्ल के एक सफ़ेदपोश सज्जन बहुत सुविधा से पालथी मारे बैठे थे। सामने दो ताज़े-चिकने खीरे तौलिये पर रखे थे। डिब्बे में हमारे सहसा कूद जाने से सज्जन की आँखों में एकान्त चिन्तन में विघ्न का असन्तोष दिखाई दिया। सोचा, हो सकता है, यह भी कहानी के लिए सूझ की चिन्ता में हों या खीरे-जैसी अपदार्थ वस्तु का शौक करते देखे जाने के संकोच में हों।

नवाब साहब ने संगति के लिए उत्साह नहीं दिखाया। हमने भी उनके सामने की बर्थ पर बैठकर आत्म-सम्मान में आँखें चुरा लीं।

ठाली बैठे, कल्पना करते रहने की पुरानी आदत है। नवाब साहब की असुविधा और संकोच के कारण का अनुमान करने लगे। सम्भव है, नवाब साहब

ने बिल्कुल अकेले यात्रा कर सकने के अनुमान में किफ़ायत के विचार से सेकॅण्ड क्लास का टिकट खरीद लिया हो और अब गवारा न हो कि शहर का कोई सफ़ेदपोश उन्हें मँझले दर्जे में सफ़र करता देखे।...अकेले सफ़र का वक्त काटने के लिए ही खीरे खरीदे होंगे और अब किसी सफ़ेदपोश के सामने खीरा कैसे खाएँ?

हम कनखियों से नवाब साहब की ओर देख रहे थे। नवाब साहब कुछ देर गाड़ी की खिड़की से बाहर देखकर स्थिति पर गौर करते रहे।

'ओह', नवाब साहब ने सहसा हमें सम्बोधन किया, 'आदाब-अर्ज़, जनाब, खीरे का शौक़ फ़रमाएँगे?'

नवाब साहब का सहसा भाव-परिवर्तन अच्छा नहीं लगा। भाँप लिया, आप शराफ़त का गुमान बनाये रखने के लिए हमें भी मामूली लोगों की हरकत में लथेड़ लेना चाहते हैं। जवाब दिया, 'शुक्रिया, क़िबला शौक़ फ़रमाएँ।'

नवाब साहब ने फिर एक पल खिड़की से बाहर देखकर ग़ौर किया और दृढ़ निश्चय से खीरों के नीचे रखा तौलिया झाड़कर सामने बिछा लिया। सीट के नीचे से लोटा उठाकर दोनों खीरों को खिड़की से बाहर धोया और तौलिये से पोंछ लिया। जेब से चाकू निकाला। दोनों खीरों के सिर काटे और उन्हें गोदकर झाग निकाला। फिर खीरों को बहुत एहतियात से छीलकर फाँकों को क़रीने से तौलिये पर सजाते गये।

लखनऊ स्टेशन पर खीरा बेचने वाले खीरे के इस्तेमाल का तरीक़ा जानते हैं। ग्राहक के लिए जीरा-मिला नमक और पिसी हुई लाल मिर्च की पुड़िया भी हाज़िर कर देते हैं।

नवाब साहब ने बहुत क़रीने से खीरे की फाँकों पर जीरा-मिला नमक और लाल मिर्च की सुर्ख़ी बुरक दी। उनकी प्रत्येक भाव-भंगिमा और जबड़ों के स्फुरण से स्पष्ट था कि उस प्रक्रिया में उनका मुख खीरे के रसास्वादन की कल्पना से प्लावित हो रहा था।

हम कनखियों से देखकर सोच रहे थे, मियाँ रईस बनते हैं, लेकिन लोगों की नज़रों से बच सकने के ख्याल में अपनी असलियत पर उतर आये हैं।

नवाब साहब ने फिर एक बार हमारी ओर देख लिया, 'वल्लाह, शौक़ कीजिए, लखनऊ का बालम खीरा है!'

नमक-मिर्च छिड़क दिये जाने से ताज़े खीरे की पनियाती फाँकें देखकर पानी मुँह में ज़रूर आ रहा था, लेकिन इनकार कर चुके थे। आत्म-सम्मान निबाहना ही उचित समझा, उत्तर दिया, 'शुक्रिया, इस वक्त तलब महसूस नहीं हो रही, मेदा भी ज़रा कमजोर है, क़िबला शौक़ फरमाएँ।'

नवाब साहब ने सतृष्ण आँखों से नमक-मिर्च के संयोग से चमकती खीरे की

फाँकों की ओर देखा। खिड़की के बाहर देखकर दीर्घ निःश्वास लिया। खीरे की एक फाँक उठाकर होठों तक ले गये। फाँक को सूँघा। स्वाद के आनन्द में पलकें मुँद गयीं। मुँह में भर आये पानी का घूँट गले से उतर गया। तब नवाब साहब ने फाँक को खिड़की से बाहर छोड़ दिया। नवाब साहब खीरे की फाँकों को नाक के पास ले जाकर, वासना से रसास्वादन कर खिड़की के बाहर फेंकते गये।

नवाब साहब ने खीरे की सब फाँकों को खिड़की के बाहर फेंककर तौलिये से हाथ और होठ पोंछ लिये और गर्व से गुलाबी आँखों से हमारी ओर देख लिया, मानो कह रहे हों—यह है ख़ानदानी रईसों का तरीक़ा!

नवाब साहब खीरे की तैयारी और इस्तेमाल से थककर लेट गये। हमें तसलीम में सिर ख़म कर लेना पड़ा—यह है ख़ानदानी तहज़ीब, नफ़ासत और नज़ाकत!

हम ग़ौर कर रहे थे, खीरा इस्तेमाल करने के इस तरीके को खीरे की सुगन्ध और स्वाद की कल्पना से सन्तुष्ट होने का सूक्ष्म, नफ़ीस या ऐब्स्ट्रैक्ट तरीक़ा ज़रूर कहा जा सकता है, परन्तु क्या ऐसे तरीके से उदर की तृप्ति भी हो सकती है?

नवाब साहब की ओर से भरे पेट के ऊँचे डकार का शब्द सुनाई दिया और नवाब साहब ने हमारी ओर देखकर कह दिया 'खीरा लज़ीज़ होता है लेकिन होता है सक़ील, नामुराद मेदे पर बोझ डाल देता है।'

ज्ञान-चक्षु खुल गये! पहचाना—ये हैं नई कहानी के लेखक!

खीरे की सुगन्ध और स्वाद की कल्पना से पेट भर जाने का डकार आ सकता है तो बिना विचार, घटना और पात्रों के, लेखक की इच्छा मात्र से 'नई कहानी' क्यों नहीं बन सकती?

साहित्य में प्रगतिवादी दृष्टिकोण

साहित्य में दृष्टिकोण और वादों के भेद का आधार यही हो सकता है कि साहित्य को किन उद्देश्यों और आदर्शों के प्राप्त करने का साधन माना जाये। व्यक्तियों और समूहों के उद्देश्य और आदर्श जीवन के सम्बन्ध में उनकी मान्यताओं और महत्त्वाकांक्षाओं के अनुरूप होते हैं। जैसे समाज के जीवन की धारा और प्रक्रिया के नियमित होने में समाज के लक्ष्यों के और आदर्शों का प्रभाव पड़ता है, वैसे ही समाज के साहित्य में प्रतिबिम्बित उसकी मान्यताएँ और आदर्श समाज के भावी जीवन को रूप देने में और उसकी व्यवस्था निश्चित करने में सहायक होते हैं। साहित्य के प्रयोजन के सम्बन्ध में मतभेद हैं। परन्तु साहित्य के समाज का दर्पण होने की उसकी परिभाषा के सम्बन्ध में शायद ही मतभेद हो। साहित्य की यह परिभाषा ही उसके प्रयोजन होने का प्रमाण है। मतभेद इसी बात में है कि साहित्य से किस प्रयोजन को प्राप्त किया जाये।

साधारण दर्पण का उपयोग उसके इस गुण के कारण होता है कि दर्पण के सामने किसी भी वस्तु के लाये जाने पर वस्तु का प्रतिबिम्ब उसमें पड़ जाता है। दर्पण में अपनी प्रतिच्छाया देखकर हम भावशून्य या निष्क्रिय नहीं रह जाते। अपने व्यक्तित्व में कोई भी विकार देखकर उसका निराकरण

करने का या अपने विचार में अपने व्यक्तित्व को अधिक सँवारने का प्रयत्न अवश्य करते हैं। साधारण दर्पण में पड़ने वाले प्रतिबिम्ब और प्रतिच्छायाएँ क्षणिक होती हैं, परन्तु साहित्य रूपी दर्पण में पड़ने वाली छाया चिरस्थायी बन जाती हैं। साहित्य के दर्पण द्वारा संचित समाज की प्रतिच्छायाओं की शृंखला ही समाज की साहित्यिक निधि होती है। अपनी साहित्यिक निधि में समाज केवल अपने वर्तमान रूप को ही नहीं, अपनी परम्परा का विकास भी देख पाता है। अपनी अतीत की असफलताओं और निर्बलताओं के कारणों का विश्लेषण कर पाता है और साहित्य के माध्यम से अपने भावी जीवन की महत्त्वाकांक्षाओं को भी रूप देता है।

यह विश्वास किया जा सकता है कि किसी रूपवती के लिए किसी समय दर्पण में अपनी छवि देखने का प्रयोजन केवल अपने रूप के गर्व से आत्मतोष या स्वान्तःसुख अनुभव करना ही हो, परन्तु ऐसी स्थिति किसी भी व्यक्ति के लिए शाश्वत अथवा सदा बनी रहने वाली अवस्था नहीं हो सकती। कम-से-कम हमारे वर्तमान समाज की रूपश्री स्वान्तःसुखाय का प्रयोजन पूरा नहीं कर सकती। स्वान्तःसुखाय साहित्य और कला की बात आज प्रगतिशीलों को मान्य नहीं हो सकती, परन्तु यदि कोई साहित्यिक इतने मनीषी हैं कि उन्होंने अपने अहं को जन-कल्याण के साथ आत्मसात् कर लिया है तो उनका कला और साहित्य से स्वान्तःसुखाय प्राप्त करना स्वयं ही जन-कल्याण का अर्थात् साहित्य का स्वाभाविक मार्ग बन जायेगा। केवल 'कला के लिए कला' की बात प्रगतिशीलों का समाधान इसलिए नहीं करती कि साहित्यिक की दासता के विरोध में जिस समय यह बात कहने का साहस किया गया था, वह समय बदल चुका है। अतीत का साहित्य इस बात की गवाही है कि एक समय साहित्य देवताओं की स्तुति का, दूसरे समय का साहित्य शासक वर्ग की प्रशस्ति का और फिर सन्तों का साहित्य संसार से पलायन का प्रबल साधन रहा है। जिस कलाकार ने कला को इन तीनों बन्धनों से मुक्त करके अपना ही उच्छ्वास बताने का साहस किया वह अवश्य अपने समय का उदार चेता और प्रगतिवादी था। उस क्रान्तिकारी कलाकार की परम्परा को पूरा करने के लिए अगला कदम उठाना भी आवश्यक है अर्थात् साहित्य के देवता को स्थानीय शासक वर्ग की सेवा से निकालकर कलाकार के अपने वर्ग, जनगण की अनुभूति और महत्त्वाकांक्षा की अभिव्यक्ति का साधन बनाया जाये। प्रगतिशील लेखक की यही माँग है। समाज के अतीत लम्बे इतिहास में ऐसे समय बहुत अधिक नहीं आये, जब समाज आत्मतुष्ट रहा हो। साहित्य ने सदा ही समाज में विचार के लिए उत्साह जगाकर और आचार के आदर्श उपस्थित करके समाज के कल्याण के लिए व्यवस्था की स्थापना और रक्षा के प्रयत्न में योगदान दिया है। आज जो लोग सचेत और जागरूक होकर अपने विश्वास के अनुसार समाज के आर्थिक और राजनीतिक कल्याण के लिए साहित्य के साधनों का प्रयोग करना

चाहते हैं, अपने आपको प्रगतिशील पुकारते हैं। कुछ लोगों की भावना के अनुसार, आजकल का प्रगतिवाद और प्रगतिशीलता एक विशेष राजनीतिक पक्ष का अनर्गल प्रचार होने के कारण विडम्बना का ही व्यंजक है। आधुनिक प्रगतिवाद के दृष्टिकोण और साहित्यिक कार्य की विडम्बना करने के लिए अथवा उसका सफल विरोध करने के लिए प्रगतिवादी को और प्रगतिशीलों की बात को सुन और समझ लेना उपयोगी हो सकता है।

प्रगतिवादियों की सबसे बड़ी माँग यह है कि वर्तमान साहित्य के रूप और उसकी भावनाओं को समाज की वर्तमान आवश्यकताओं और समस्याओं के अनुकूल रूप दिया जाये और साहित्य का प्रयोजन जनगण की पराधीनता समाप्त करके आर्थिक और राजनीतिक आत्मनिर्णय का अधिकार प्राप्त करना माना जाना चाहिए। साहित्य को आत्मिक और मानसिक आनन्द का ललित साधन मानने वालों की ऐसी माँग साहित्य की हिंसा की भावना से पूर्ण है या नहीं, वे साहित्य का अनुचित प्रयोग कर रहे हैं या नहीं, इस बात की जाँच के लिए साहित्य की परिभाषा को ध्यान में रखते हुए हमें अपनी उत्कृष्ट साहित्यिक निधि पर एक नज़र डाल लेनी होगी। अर्थात् साहित्य को समाज का दर्पण मानकर यह भी याद रखना होगा कि आदि पुरुष मनु से लेकर कांग्रेस राज्य तक क्या हमारे समाज का रूप और विधान एक-सा ही रहा है और क्या हमारे अमूल्य साहित्य में संरक्षित समाज के सब प्रतिबिम्ब एक रूप ही हैं और हमारे अति उत्कृष्ट अतीत साहित्य ने तत्कालीन व्यवस्थाओं के आर्थिक और राजनीतिक उद्देश्यों के प्रति कैसा व्यवहार किया था?

आजकल के उपेक्षा योग्य प्रगतिवादियों को तर्कों की अपेक्षा कविकुल गुरु कालिदास का उदाहरण ही अधिक मान्य होना चाहिए। रघुवंश के उन्नीसवें सर्ग में राजा अग्निमित्र के व्यवहार का शब्द-चित्र कालिदास इस प्रकार प्रस्तुत करते हैं कि राजमहलों से दिन और रात वीणा, मृदंग और नूपुरों की ध्वनि सुनाई देती रहती थी। मद्य की गन्ध से बसी मधुशालाओं में राजा युवतियों को लेकर इस प्रकार प्रवेश करता था जैसे कमलिनियों से भरे सर में हाथी प्रवेश करता है। वह महीनों राजप्रासाद से बाहर न निकलता। राज्यकर्मचारी और प्रजा राजा के दर्शनों के लिए उत्सुक होकर राजप्रासाद को घेर लेते। राज्यमन्त्री राजा से प्रार्थना करते कि वे उसके दर्शनों के लिए आतुर राज्यकर्मचारियों और प्रजा को दर्शन दें। ऐसा अनुरोध किये जाने पर राजा झरोखे से अपना एक पाँव बाहर लटका देते। राज्यकर्मचारी और प्रजा राजा के लाल नखों वाले चरण को, जो प्रभात की लाल किरणों से भरे कमल के समान सुन्दर था, नमस्कार करके सन्तुष्ट हो जाते थे। साहित्य की इस उत्कृष्ट कलाकृति में अलंकार और व्यंजना के सौन्दर्य के अतिरिक्त क्या यह भावना आधार रूप नहीं है कि राजा असाधारण भाग का अधिकारी ही है और राजा

के प्रजा की उपेक्षा करने पर भी प्रजा को भक्ति से राजा के चरणों की सेवा करते रहना चाहिए।

यह प्रश्न असंगत न होगा कि कविकुल गुरु कालिदास द्वारा प्रस्तुत शाश्वत सौन्दर्य का यह चित्र क्या हमारे आधुनिक समाज की राजनीतिक अनुभूति के चौखटे में सट सकेगा और क्या इस शाश्वत सत्य चित्र को वर्तमान समाज की जनवादी भावना के रंगों से अंकित किया जा सकता है? यदि इन प्रश्नों का उत्तर हाँ में नहीं दिया जा सकता तो फिर इस चित्र का शाश्वत सौन्दर्य क्या है और क्या यह साहित्य तत्कालीन राजनीतिक प्रयोजन से शुद्ध है? क्या आज कोई आदर्शवादी लेखक वंशानुगत राजा को प्रजा के पिता समान बताकर राज-भक्ति का उपदेश दे सकता है? यह उसी समय सम्भव था जब वंशानुगत शासक वास्तव में प्रजा के स्वामी थे और वे अपने आपको ईश्वर का अंश या ईश्वर का प्रतिनिधि बता सकते थे। आज के समाज, परिस्थितियों में प्रजा द्वारा चुने गये शासक ऐसी महत्त्वाकांक्षा का स्वप्न नहीं देख सकते। प्रजा प्रति पाँचवें वर्ष नया पिता चुनकर उसके प्रति आदर और प्रेम से विभोर नहीं हो सकती।

इस प्रसंग में अपने साहित्य की एक बहुत ही उत्कृष्ट और कलात्मक कथावस्तु की चर्चा करने का प्रलोभन पूरा करना चाहता हूँ। कहानी की सफलता या प्रभावोत्पादकता के विषय में मेरा अनुभव यह है कि पाँच वर्ष की आयु में अपनी माँ से राजा हरिश्चन्द्र की कहानी को सुनकर मेरे आँसू बह जाते थे और फिर आयु बढ़ जाने पर हिन्दी परीक्षाओं की तैयारी के लिए भी भारतेन्दु के नाटक में उस कहानी को पढ़कर करुण रस में उतना ही विभोर हो सका था। मेरा विश्वास है कि विकट-से-विकट रस पारखी और साधारण-से-साधारण व्यक्ति भी उस कहानी के सफल अभिनय से द्रवित हुए बिना नहीं रह सकता। कला की कसौटी पर उत्तीर्ण सत्य हरिश्चन्द्र की कहानी को सभी जानते हैं। इस कहानी की उच्चतम कला की आधारभूत भावनाएँ जो इसमें सौन्दर्य और करुणा उत्पन्न कर रही है, क्या हैं? पहली बात राजा हरिश्चन्द्र का ब्राह्मण को मुँहमाँगी भिक्षा या दान देने का कर्त्तव्य पूरा करना। दूसरा दक्षिणा के कर्त्तव्य को अथवा अपने स्वीकार किये ऋण को चुकाने के लिए अपने पुत्र, स्त्री को ही नहीं बल्कि अपने आपको भी बाजार में बेच डालना। सेवक धर्म स्वीकार कर लेने पर स्वामि-भक्ति के धर्म को पूरा करना। स्वामि-भक्ति के धर्म की परीक्षा असाधारण है। मृत पुत्र और वह भी स्वयं अपनी पत्नी के प्रति भी दया न दिखाकर स्वामी के लिए कर वसूल कर लेना। ऐसे कर्त्तव्यों को पूरा करने पर ही देवता प्रसन्न होकर धन्य-धन्य पुकारते हुए पुष्प वृष्टि करते हैं और मर्मज्ञ रसिक के नेत्र आदर और करुणा के अश्रुओं का अर्घ्य समर्पित करते हैं।

जिस शाश्वत सत्य और सौन्दर्य के आदर्श की प्रतिष्ठा यह कलात्मक कहानी

करती है वह हमारे वर्तमान समाज की परिस्थितियों, व्यवहार और भावना में किस प्रकार सट सकता है? आज ब्राह्मण सेवा के लिए न सही, मकान किराये का ऋण चुकाने का कर्त्तव्य पूरा करने के लिए अपनी स्त्री को बाजार में बेचने का यत्न करने वाला क्या उसी आदर का भागी होगा? या जमींदार स्वामी की ओर से भूमि का कर अथवा मकान मालिक की ओर से मकान का किराया वसूल करने के लिए किसी असहाय नारी की आधी धोती फड़वा लेने वाले कारिन्दे पर जनता फूलों की वर्षा कर सकेगी? क्या इस विषय में सन्देह के लिए कोई भी स्थान है कि आधुनिक समाज के विकास की परम्परा में जिस समय भूमि सामाजिक स्वामित्व से निकल कर व्यक्तिगत सम्पत्ति बन रही थी, जिस समय कर की प्रणाली जन्म ले रही थी और व्यापार के आरम्भ के साथ ऋण की संस्था चालू होने लगी थी और अपने से पहले की व्यवस्था में विश्वास करने वाले लोग उस समय प्रगति के इन क़दमों का विरोध कर रहे थे, सत्य हरिश्चन्द्र के आख्यान ने नई नैतिकता के प्रति आस्था जमाने में बहुत बड़ा काम किया होगा। ऐसी अवस्था में यदि प्रगतिशील लेखक अपने अनुभव से विवश होकर यह कहता है कि जीवन के सत्य और आदर्श शाश्वत नहीं परिवर्तनशील हैं, आज हमें नये सत्यों और आदर्शों को मान्यता देने के लिए साहित्य के साधन का उपयोग करना चाहिए तो वह किस प्रकार अपराधी माना जा सकता है।

साहित्य को प्रचार का साधन बनाने की प्रगतिवाद की धृष्टता हमारे सम्पूर्ण उत्कृष्ट साहित्य में नैतिकता और सद्विचारों को मान्यता देने की स्वीकृति के रूप में उपस्थित है। सामन्तवादी व्यवस्था के नैतिक मूल्यों को जनता की भावना और विश्वास में जमा देने के वे प्रयत्न कला में बोझिल नहीं जान पड़ते, क्योंकि वे आदर्श हमारे संस्कारों में गहरी जड़ें पकड़ कर हमारे लिए आदि और मौलिक नैतिकता का रूप ले चुके हैं। परन्तु जनवादी नैतिकता के लिए दुहाई देना कोरा प्रचार ही जान पड़ता है। उदाहरणतः आज भी पन्ना दाई की कहानी शाश्वत कला और सौन्दर्य का आदर्श मान ली जा सकेगी, परन्तु तनख्वाह कम कर दी जाने पर मालिक के दरवाजे पर प्रदर्शन करने वाली दाई की कहानी प्रोपेगैन्डा—मान ली जायेगी। सावित्री सत्यवान् की कहानी आज भी कला का आदर्श है, परन्तु पति के दुराचार के कारण तलाक़ की उपदेशिका बन जाने वाली आधुनिक युवती की कहानी प्रचार के सिवा और क्या होगी? परन्तु क्या इसमें कोई सन्देह किया जा सकता है कि सावित्री-सत्यवान् के आख्यान ने पतिव्रत धर्म की जड़ें जमाने में जो काम किया वह मनुस्मृति नहीं कर सकी होगी।

प्रगतिवादी की खूबी अच्छी तरह पहचानने के लिए उसे आदर्शवादी की तुलना में रखकर देखना आवश्यक है। आदर्शवादी की मान्यता है कि सत्य और आदर्श शाश्वत हैं, उस सत्य को प्राप्त करना और उन आदर्शों के अनुसार चल

सकना मनुष्य के जीवन और समाज का लक्ष्य होना चाहिए। व्यावहारिक भाषा में यों कहा जा सकता है कि आदर्शवाद विचारों को जीवन के मार्ग का निर्णायक मानता है, इसलिए वह शाश्वत सत्य और सौन्दर्य की कल्पना और आराधना कर सकता है। आदर्शवादी साहित्यिक समाज और व्यक्तियों के स्थूल जीवन की उपेक्षा करके भी साहित्यिक प्रेरणा द्वारा समाज के जीवन को सुधार की ओर ले जाने की आशा करता है। वह जनता के चरित्र निर्माण द्वारा देश के आर्थिक और राजनीतिक उत्थान की बात कर सकता है। प्रगतिवाद मनुष्य समाज के विचारों को जीवन का मार्ग निश्चय करने वाला नहीं मान सकता। उसकी विचारधारा का क्रम द्वन्द्वात्मक भौतिकवाद है। वह मनुष्य के विचारों को उसके समाज के भौतिक जीवन की प्रक्रिया और अनुभवों का परिणाम मानता है, इसलिए उसका विश्वास है कि परिवर्तन की जैसी परम्परा मनुष्य समाज के भौतिक जीवन में रही है, परिवर्तन की वैसी ही परम्परा उसके सत्य और नैतिकता सम्बन्धी विचारों और विश्वासों में भी रही है। मनुष्य जीवन का लक्ष्य किन्हीं अनादि और अपौरुषेय आदर्शों को प्राप्त करना नहीं है। आदर्शों और विचारों का प्रयोजन मानव जीवन को विकास और पूर्णता की ओर ले जाना है। प्रत्येक समाज का दर्शन और विचारधारा उसके भौतिक ज्ञान और साधनों के अनुपात में ही विकसित होता है। शिकार से जीवित रहने वाले, अग्नि और जल को भाग्य विधाता मानकर इनकी पूजा के लिए बलि चढ़ाने वाले समाज से, अद्वैतवाद के सिद्धान्तों और निर्गुण ब्रह्म की व्याख्या की आशा नहीं की जा सकती। इसलिए प्रगतिवाद समाज की बदल चुकी परिस्थितियों में मनुष्य समाज द्वारा प्राप्त ज्ञान और अनुभव के आधार पर साहित्य को नये आदर्शों और नैतिकताओं को मान्यता देने और उन्हें प्राप्त करने का साधन बनाने में नहीं हिचकता।

इतिहास और मनुष्य समाज के अनुभव इस बात के गवाह हैं कि भिन्न-भिन्न समाजों के सत्य, न्याय और नैतिकता उनकी विशेष अवस्थाओं से उत्पन्न होती रही हैं और उनका प्रयोजन समाज द्वारा स्वीकृत व्यवस्था के प्रति आस्था बनाये रखना ही होता है। आदिम समाजों में सम्पूर्ण भूमि और उत्पादन के साधनों को साझी सम्पत्ति माना जाता था और उनकी दृष्टि में उत्पादन के साधनों को व्यक्तिगत सम्पत्ति बनाने की इच्छा पाप थी। कुल या समाज के व्यक्तियों के समान अधिकार उस व्यवस्था का आधार थे। वेदों में आपको ऐसे मन्त्र मिलेंगे जो इस प्रकार की नैतिकता का उपदेश देते हैं। सामन्तवादी काल में दास प्रथा का ईश्वरीय विधान माना जाना, अनेक छोटे-छोटे राजाओं की प्रतिद्वन्द्विता से व्याकुल समाज का बड़े-बड़े सम्राटों के शासन को अपने कल्याण के लिए आदर्श व्यवस्था समझना और सम्राट् को ईश्वर का प्रतिनिधि मान लेना उस समय का शाश्वत सत्य और मौलिक न्याय था। इसके पश्चात् व्यापार द्वारा औद्योगिक विकास के

युग में मनुष्य मात्र की समता और व्यक्तिगत स्वतन्त्रता को उनका जन्मसिद्ध अधिकार मान लिया जाना इस बात का प्रमाण है कि शाश्वत सत्य और भौतिक नैतिकता के आधार समाज के भौतिक हित का प्रयोजन ही होता है।

हम यह भी नहीं भूल सकते कि समाज के लिए उपयोगी सत्यों, न्यायों और नैतिकताओं के निरूपण का अधिकार भी उसी वर्ग के हाथ में रहता है जो समाज की व्यवस्था निश्चित करता है। समाज की व्यवस्था निश्चित करने का अधिकार समाज के निर्वाह के लिए आवश्यक उत्पादन के साधनों के स्वामित्व से होता है। इसी ऐतिहासिक परिस्थिति का यह परिणाम है कि जैसे महाराज विक्रमादित्य, भोज और अकबर नवरत्नों को लेकर देश की नैतिक और राजनीतिक व्यवस्था कर सकते थे, बीसवीं सदी के उत्तरार्ध में भारत के राष्ट्रपति अपने से पूर्व के सभी शासकों से विस्तृत भूखण्ड के वैधानिक शासक होते हुए भी नहीं कर सकते। वैसे ही इस युग का लेखक सम्राटों के एकाधिकार, वंशानुक्रम के राज्य और उत्तराधिकारी के ईश्वरीय विधानों का गुण-गान नहीं कर सकता और न ही उनकी आनुषंगिक सामाजिक नैतिकताओं, राजा-प्रजा और स्वामी-सेवक के सम्बन्धों की पवित्रता शाश्वतता के गीत गा सकता है।

साहित्य में प्रगतिवाद, जनतन्त्र और जनवाद इस युग की उपज है, इसलिए प्रगतिवाद और प्रगतिशील लेखक का यह जन्म धर्म है कि वह जनवाद के सिद्धान्तों और प्रणाली की सामाजिक और राजनीतिक व्यवस्था के क्षेत्र में भी बढ़ाये, क्योंकि समाज की राजनीतिक और सामाजिक व्यवस्था के मूल उसकी आर्थिक व्यवस्था में ही रहते हैं।

साहित्य में सौन्दर्य की पूजा करने वालों का प्रगतिशील लेखकों के प्रति यह आरोप है कि उन्होंने साहित्य को सौन्दर्य की अपेक्षा विरूपता और उबकाई पैदा करने वाली सामग्री ही दी है। जिस साहित्य में कमल, वनों, कमलमुखियों और भव्य प्रासादों का वर्णन रहता था, उस साहित्य को प्रगतिशील लेखकों ने वस्त्रहीन, क्षुधा पीड़ितों की रोटी के लिए हाय-हाय से भर दिया है। कालिदास और भवभूति जहाँ मद से झूमती और आसव से गन्धाती नारियों के नीवि बन्धन खुल जाने का वर्णन करते थे, वहाँ प्रगतिशील लेखक वैधव्य से सतायी और लादे गये संयम से क्षुब्ध युवती के गुप्त व्यभिचार का वर्णन करता है। जहाँ प्राचीन कलाकार सम्राटों के अश्व-युद्ध कर सभी राजाओं के राज्य जीत कर, केवल उनका यश ही शेष रखकर उनके राज्य लौटा देने वाले राजाओं की कीर्ति के गीत गाता था, वहाँ आज का प्रगतिशील कलाकार चोर बाज़ारी के शिकार, भूख से तड़पते मध्यम और निम्न वर्ग का वर्णन करता है। प्राचीन साहित्य के आदर्शों और मान्यताओं की कसौटी के अनुसार ऐसा अनुचित था। तत्कालीन साहित्यिक आदर्शों के अनुसार साहित्य

के लिए नायक का देव पुरुष, राजा या धीरोदात्त होना उचित था। तत्कालीन कलाकार के लिए ऐसे आदर्श उचित थे, क्योंकि वह कलाकार समाज के स्वामी धीरोदात्त शासक वर्ग का ही पुरोहित और चारण था। आज का कलाकार, विशेषकर प्रगतिशील कलाकार उस धीरोदात्त समाज का नहीं बल्कि मज़दूरी के लिए मिल के फाटक पर गिड़गिड़ाने वाले, भूमि के लिए छटपटाने वाले और फुटपाथ की सेज पर रमण करने वाले समाज का वकील और चारण है। वह अपने समाज की ही समस्याओं का चित्रण करेगा, उनकी सन्तोष और आत्मनिर्णय का अधिकार पाने की महत्त्वाकांक्षाओं की ही वकालत करेगा। प्राचीन कलाकार का काम अपने समाज के शासन और अमित भोग के अधिकारों की रक्षा, मान्यताओं को बैठाना था। आज के कलाकार का काम जनगण अथवा इतर के लिए जीवित रह सकने के लिए अवसर और अधिकार के लिए संघर्ष करना है। क्या हमारे आदर्शवादी साहित्यिक पक्ष को आज भी प्राचीन कलात्मक धारणाएँ मान्य हैं? साहित्य दर्पण के अनुसार साहित्य में उपले पाथने वाली का वर्णन अथवा चरखे का वर्णन ही ग्राम्य दोष था। बलिहारी है समय की और इस देश के राष्ट्रपिता की कि वह चरखा ही इस देश की राष्ट्रीयता और स्वतन्त्रता के संग्राम का प्रतीक बन गया था और कम-से-कम कहने को तो दरिद्रनारायण की पूजा की महिमा अश्वमेध यज्ञ की महिमा से बड़ी मान ली गयी। प्रश्न यही है कि साहित्य और कला है किसके लिए? जिस समय यह वस्तुएँ दरबार और रंगशाला की सीमा के भीतर की ही चीजें थीं, वे गमले में यत्न से पोसे गये गुलाबों की भाँति हो सकती थीं, परन्तु जब वे जंगल और मैदान की अथवा जन-साधारण की वस्तु बन रही हैं तो उनमें मौलसिरी और बबूल दोनों की ही कुछ-कुछ सादृश्यता आयेगी। इसके लिए प्रगतिशील कलाकार को दोष देकर उसे अपने धर्म से च्युत करने का यत्न व्यर्थ है।

प्रगतिशील कलाकार पर एक भयंकर आरोप यह है कि वह अपनी संस्कृति और दर्शन की परम्परा की उपेक्षा कर विदेशी विचारधारा और संस्कृति की कलमें इस पुण्य भूमि के सांस्कृतिक उद्यान में लगा देना चाहता है। वह आध्यात्मिक शान्ति की केसर की क्यारी में द्वन्द्व और भौतिकता के आक बो रहा है। यदि द्वन्द्वात्मक भौतिकवादी दर्शन का अथवा उसके परिणामस्वरूप समाजवादी जीवन प्रणाली का विरोध इसलिए किया जाय कि उससे समाधान नहीं होता तो यह विरोध उचित है, क्योंकि यह व्यक्ति का न केवल विचार स्वतन्त्रता का अधिकार है बल्कि समाज के प्रति विचार का यह कर्त्तव्य भी हो जाता है कि सामर्थ्य भर सत्य को पाने में योगदान दे। परन्तु द्वन्द्वात्मक भौतिकवादी दर्शन और समाजवादी जीवन प्रणाली और संस्कृति का विरोध केवल उसे विदेशी बता कर करना आत्मघाती संकीर्णता और मूढ़ता का हठ है। ज्ञान, दर्शन और संस्कृति को भौगोलिक सीमाओं में बाँटना समाज के विकास के ऐतिहासिक क्रम की अवज्ञा करना है। संसार के

सभी समाजों और देशों में पाया जाने वाला जो किसी भी देश की पूर्ण रूप से अपने ही देश के भीतर की सीमाओं की उपज नहीं है। मानव संस्कृति के सोपान की भिन्न-भिन्न सीढ़ियों को भिन्न-भिन्न कालों में भिन्न-भिन्न देशों ने पूरा किया है। रूप-रंग के कुछ स्थानीय भेदों के बावजूद सम्पूर्ण संसार की संस्कृति सम्पूर्ण मानवता की सम्पत्ति है। एक समय इस देश ने द्वीप-द्वीपान्तर तक अपने ज्ञान की सम्पत्ति उदारता से बाँटी थी और इस देश का पूरा अधिकार है कि जिस संस्कृति की वृद्धि में इसने योगदान दिया है, उसका पूरा भाग यह भी पाये। संस्कृति है क्या? संस्कृति है जीवन की प्रणाली और उससे सम्बद्ध विचारधाराएँ। किसी भी देश की जीवन प्रणाली और संस्कृति अपरिवर्तनशील नहीं रही। वाल्मीकि, कालिदास, हर्ष, जायसी और तुलसी के साहित्य में प्रतिबिम्बित हमारे समाज के चित्र हमारी आज की जीवन प्रणाली से भिन्न होने पर भी वे हमारी परम्परा की नींव रूप हैं। इन परिवर्तनों का कारण रहा है हमारे जीवन निर्वाह के साधनों में और सामाजिक सम्बन्धों में परिवर्तन आ जाना। जीवन निर्वाह के साधन ही भिन्न युगों में अर्थात् आदिम समाज, सामन्तवादी समाज और पूँजीवादी समाज में समाज की जीवन प्रणाली और संस्कृति का रूप निश्चित करते रहे हैं। यन्त्र प्रधान युग की संस्कृति को किसी देश विशेष की या पश्चिमी संस्कृति न कहकर औद्योगिक या यान्त्रिक संस्कृति कहना ही उचित है। इसी प्रकार पूँजीवादी प्रजातन्त्र की संस्कृति को इंग्लैण्ड या अमेरिका की संस्कृति और समाजवादी प्रजातन्त्र की संस्कृति को, जिसमें पैदावार के साधनों का स्वामित्व भी सार्वजनिक हो जाता है, रूस या चीन की बपौती नहीं कहा जा सकता। कोई भी देश अपने भौतिक साधनों और चेतना के विकास के अनुसार किसी एक संस्कृति की अवस्था को पार करके दूसरी को अपना सकता है। एक देश दूसरे देश का अनुकरण नहीं करता, परन्तु सभी देश दूसरे देशों के अनुभव से सीखते ज़रूर हैं। सीखना-सिखाना ज्ञान का आदान-प्रदान सांस्कृतिक विकास का आवश्यक और अनिवार्य मार्ग है। अपनी संस्कृति के गर्व में हम आज खड़ाऊँ पहन कर और धनुष-बाण का सन्धान करके आत्म-रक्षा के लिए भरोसा नहीं कर सकते। यदि हम एटम के विज्ञान और साधनों को अपनाने की बात सोचेंगे तो हमारा जीवन और विचार प्रणाली चकमक पत्थर और तकली पर भरोसा करने वाले समाज जैसी नहीं रह सकेगी, न हम सहस्त्रों युवतियों से रमण करने वाले राजाओं के चरित्र पर मुग्ध हो सकेंगे।

सभी समाज जीवन को अधिक सफल और सशक्त बना सकने की स्वाभाविक प्रवृत्ति के कारण जीवन निर्वाह के साधनों के विकास को अपनाते जाते हैं। हम अपने समाज में भी आज राष्ट्रीय समस्याओं के लिए औद्योगीकरण की पुकार सुनते ही हैं। ऐसा भी होता है कि संस्कार और परम्परा के मोह के कारण हम नये की निन्दा करते हुए भी जीवन की आवश्यकता के कारण अचेत रूप से पुराने को

छोड़कर नये को अपनाते जाते हैं। प्रगतिशील लेखक का सुझाव है कि हमारे समाज में होने वाली यह प्रगति उलझन और भटकन से भरे अचेत ढंग से न होकर सुव्यवस्थित सचेत ढंग से हो। हम यह जानते हैं कि समाज अपने ज्ञान के विकास से ऐसे साधनों का विकास कर चुका है जिनसे मनुष्य मात्र को सुविधा से सन्तोष पाने का अवसर मिल सकना चाहिए, परन्तु पूँजीवादी सामाजिक व्यवस्था समाज को उन साधनों के समुचित उपयोग का अवसर नहीं देती, बल्कि पारस्परिक होड़ और दूसरों को मिटाकर स्वयं जीवित रहने के मार्ग पर चल रही है। यह व्यवस्था मनुष्य समाज को संकट में फँसा रही है और समाज के विकास की शक्ति को नष्ट कर रही है। इसलिए प्रगतिशील लेखक का यह कर्त्तव्य हो जाता है कि वह साहित्यिक साधनों द्वारा समाज का विनाश करने वाली प्रवृत्तियों के प्रति सतर्कता और विरोध पैदा कर शान्तिपूर्वक निर्माण की भावना को प्रोत्साहित करे। साहित्य में प्रगतिशील लेखक का यही दृष्टिकोण है।

प्रगतिशील साहित्यिक के अपने लक्ष्य का ध्यान रखने और साहित्य को उस प्रयोजन के लिए उपयोग में लाने का यह अर्थ नहीं है कि वह साहित्य को सामाजिक उन्नति का नुस्ख़ा और नारा ही बना दे। अपने लक्ष्यों की दृष्टि से प्रगतिशील लेखकों के वही कर्त्तव्य हैं जो समाज के किसी भी दूसरे व्यक्ति के होने चाहिए, परन्तु साहित्यिक होने के नाते उसका कर्त्तव्य साहित्य की कलात्मकता और श्रीवृद्धि में योगदान देना भी है। यदि वह अपने इस कर्त्तव्य की उपेक्षा करता है तो वह अपने साधन की शक्ति खोकर कर्त्तव्य संग्राम के मैदान में निहत्था और बेकाम हो जाता है।

मैं हिन्दू क्यों हूँ

मैं हिन्दू इसलिए हूँ कि मैंने एक हिन्दू परिवार में जन्म लिया था। यह मेरे भौगोलिक, आनुवंशिक और पारम्परिक अस्तित्व का तथ्य है। न तो मैं हिन्दू होने का गर्व ही अनुभव करता हूँ और न ही मुझे हिन्दू होने का कोई खेद है। मेरे हिन्दू होने के विचार से मैं चकित नहीं हूँ और न ही यह मुझे किसी प्रकार बाध्य ही करता है। हिन्दुत्व एक स्मारकीय धार्मिक विश्वास नहीं है वरन् यह विश्वासों का एक गठबन्धन है। यह भली-भाँति जाना जाता है कि एक हिन्दू धार्मिक सम्प्रदाय में छोटी-सी जूँ को भी मारना पाप समझा जाता है, जबकि दूसरे हिन्दू सम्प्रदाय में देवता की वेदी पर बलि के रूप में बकरी या भैंस तक को मार देना एक पवित्र धार्मिक क्रिया समझी जाती है। इन हिन्दू सम्प्रदायों में भूतकाल में कभी भयंकर लड़ाइयाँ भी हुईं लेकिन धीरे-धीरे वे एक-दूसरे के विचार स्वातन्त्र्य एवं विश्वास को सहन करना सीख गये। शायद यही कारण है कि बहुत से हिन्दू अपनी सामाजिक रीतियों के प्रति असहिष्णु हैं, लेकिन दूसरे के विचारों और विश्वासों के प्रति सहनशील हैं। मेरी दृष्टि में धर्म एक असंगत वस्तु है। धर्म मनुष्य का ईश्वर से एक रिश्ता है। अपनी छोटी आयु में, मेरे तमाम प्रयत्नों के बावजूद भी मैं ईश्वर को नहीं जान सका, इसलिए मैं दूसरों के धार्मिक विश्वास से परेशान नहीं होता। सहनशीलता, विचार

स्वातन्त्र्य एवं हिन्दुओं में एक दूसरे के प्रति विश्वास मुझे धर्म के प्रति बिना किसी परवाह के हिन्दू बने रहने की स्वतन्त्रता प्रदान करता है। कभी-कभी औपचारिक अवसरों पर जब मुझे अपने धर्म की घोषणा करनी पड़ी, जैसे कि मुझे पासपोर्ट लेने के समय या जेल में विवाह के समय करनी पड़ी, तब मैंने अपना धर्म 'मानवता' घोषित किया।

हिन्दू समाज का सबसे बड़ा भेद करने वाला लक्षण उनकी गाय पूजा और जातीय आधार की प्राचीन परम्परा है। मैं इनमें से किसी पर विश्वास नहीं करता। मैं इन दोनों को अजातीय, सामाजिक अन्याय, राष्ट्रीय आत्महत्या और अत्याचारी मानता हूँ। मैं जानता हूँ कि सहस्रों हिन्दू मेरे ऐसे विचार में विश्वास करते हैं तथा मेरी ही तरह से सोचते हैं, फिर भी उनकी नास्तिकता एवं निरीश्वरवाद उन्हें हिन्दू होने के अयोग्य नहीं मानते।

मेरे विचार में 'हिन्दू' भारतीय शब्द का पर्याय है। हिन्दू शब्द का वास्तविक अर्थ भारतवासी से है। यदि जैन और शाक्त दोनों आपस के धार्मिक विश्वासों में गम्भीर मतभेदों के बावजूद हिन्दू हो सकते हैं तो दूसरे भारतीय, जिनके भिन्न विश्वास हैं, हिन्दू क्यों नहीं हो सकते? मेरे लिए तो मरियम प्रसाद, यीशुसिंह, मुहम्मद दास अथवा अलीपाल शब्द जो कि धार्मिक चिह्न नहीं रखते, अपना धर्म भी नहीं पहचानते, किसी खास प्रकार के पहनावे के कारण या अपने क्षेत्र में बहुलता से बोली जाने वाली भाषा बोलते हैं, वे भी हिन्दू हो सकते हैं। मैं और भी स्पष्ट करना चाहता हूँ कि मैं किसी भी स्त्री या पुरुष के साथ धार्मिक चिह्नों को अनुमोदित नहीं करता, लेकिन जो लोग हिन्दू कहलाना पसन्द नहीं करते या इसे उसी अभिप्राय से स्वीकार करते हैं तो मैं हिन्दू शब्द उन पर थोपना नहीं चाहता।

मेरी ग़ैर मंजूरी और बहुत-सी हिन्दुओं की धार्मिक एवं सामाजिक परम्पराओं, रिवाजों और अभ्यासों के बावजूद कोई भी हिन्दू मेरे हिन्दू होने पर कोई आपत्ति नहीं करता। अतः मैं भी हिन्दू कहे जाने पर आपत्ति नहीं करता।

मेरी लेखन प्रक्रिया

अपनी लेखन प्रक्रिया के विषय में जिज्ञासा की जाने पर, सहसा ठीक-ठीक उत्तर देने में कुछ झिझक अवश्य अनुभव होती है। ऐसी झिझक के दो कारण हैं। प्रथम तो यह कि लेखन की प्रक्रिया में लेखक अपने अन्तरतम की वस्तु को यत्न से प्रत्यक्ष में लाता है अथवा उसे जनसमाज के परिचय के लिए प्रस्तुत करता है। सभी लोग इस बात को स्वीकार करेंगे कि मनुष्यमात्र के जीवन का एक भाग प्रत्यक्ष और व्यावहारिक होता है और दूसरा समाज और संसार के लिए अप्रत्यक्ष, मनुष्य के भीतर का, जिसे हम उसका मानस, भावना, चिन्तन अथवा आन्तरिक प्रयोजन कह सकते हैं। मनुष्यों की कुछ ऐसी प्रवृत्ति है कि वे अपने बाहरी, प्रत्यक्ष जीवन को समाज के सम्मुख प्रस्तुत करने के लिए माँज-सँवार कर तैयार रखते हैं और अपने प्रत्यक्ष जीवन के स्रोत, आन्तरिक जीवन अथवा मानस को गोपनीय अथवा निज की वस्तु समझते हैं, जिसे प्रत्यक्ष न होने देना ही चतुरता समझते हैं। लेखक की कठिनाई यह है कि उसका व्यवसाय ही अपने मानस भावना और अन्तरतम में सँजोयी हुई प्रक्रियाओं को प्रस्तुत करना होता है, जिसे साधारण दृष्टि से संकोच का कारण माना जायेगा। लेखक को अपने रचनात्मक कार्य की प्रक्रिया के सम्बन्ध में बताते समय संकोच अनुभव होने का दूसरा कारण

बहुत सीधा है। वह कारण यह है कि लेखन प्रक्रिया लेखक की जीविका का व्यवसाय है। प्रत्येक व्यवसाय में विशेष सफलता के कुछ रहस्य होते हैं। व्यावसायिक प्रतिद्वन्द्विता के कारण हो या अपने विशेष ढंग के कारण, सभी लोग अपने व्यवसाय के रहस्य को प्रकट करने में संकोच अनुभव करते हैं अथवा उसके लिए अनिच्छुक रहते हैं। ऐसी ही बात लेखक से भी स्वाभाविक क्यों न समझी जाये। लेखक के लिए अपने कार्य की प्रक्रिया के सम्बन्ध में अथवा अपनी सफलता के रहस्य प्रकट करने में कुछ संकोच अनुभव करना स्वाभाविक है। लेखक के कार्य से समाज को कोई दूसरा लाभ हो या न हो, समाज को उसका कार्य रोचक जान पड़ता है। इसलिए कल्पना की जा सकती है कि पाठक अथवा समाज, लेखक के कार्य की प्रक्रिया को भी रोचक समझते होंगे।

पाठकों को यह कौतूहल होना अस्वाभाविक नहीं कि लेखक भौतिक साधनों के बिना ही पाठकों की चेतना और बुद्धि से यथार्थ अनुभव हो सकने वाले ऐसे जगत् की सृष्टि कर डालता है, जिसका तथ्यों से कोई सम्बन्ध नहीं होता। पाठक दोपहर के समय छोटी-सी कोठरी में खटिया पर लेटा हाथ में लेखक की रचना लिये है। नाटक के चर्म-चक्षु प्रत्यक्ष में एक छोटी-सी पुस्तक के पृष्ठों पर छपे अक्षर ही देख सकते हैं, परन्तु पाठक का मन, बुद्धि और चेतना पुस्तक के कागज और अक्षरों से बेख़बर होकर नदी के किनारे विशाल ऊँचे-ऊँचे वृक्ष और घने जंगल, नदी में एक बहुत बड़ा स्टीमर देखने लगते हैं। पाठक को नदी के जल पर फैली पूर्णिमा की चाँदनी भी दिखाई देने लगती है और वह नदी किनारे के वनों से आती शीतल वायु के झोंके भी अनुभव करने लगता है। पाठक को स्टीमर की डेक पर उजली चाँदनी में परस्पर प्रणय-निवेदन करते युवक और युवतियाँ दिखाई देते हैं और वह ऐसी अवस्था में प्राप्त हो सकने वाले रोमांचक सन्तोष को अनुभव करने लगता है या पाठक एक समृद्ध परिवार के विवाह के उत्सव से गूँजती, किलकती हवेली में किसी अज्ञात कारण से सहसा आग लग जाने से बदल जाने वाली परिस्थिति से सिहर कर करुणार्द्र हो जाता है और उसकी आँखों में आँसू आ जाते हैं। लेखक पाठक के मन या मस्तिष्क में हर्ष, शोक, क्रोध, घृणा या भय की अनुभूतियाँ उत्पन्न कर देता है। लेखक पाठक को ऐसी अनुभूतियाँ वास्तविक घटनाओं के वर्णन से दे सकता है और घटनाएँ कल्पना से प्रस्तुत करके भी दे सकता है। उपन्यासों और कहानियों के पाठकों को यह चिन्ता नहीं रहती कि घटनाएँ वास्तविक हैं या कल्पना से प्रस्तुत की गयी हैं। वे चाहते हैं रागात्मक अनुभूतियों का संवेदन। साधारण बोलचाल में यह भी कहा जा सकता है कि उपन्यासों और कहानियों के पाठक मनोरंजन चाहते हैं, गम्भीर पाठक लेखक से चिन्तन और विचारों की भी आशा करते हैं, चिन्तन और विचारों को मनोरंजन में लिपटा हुआ चाहते हैं। उपन्यासों और कहानियों के लेखकों को पाठकों के ऐसे

मनोरंजन की वस्तु अपनी मानसिक क्रिया, अपने अन्तरतम में भावों के विलोड़न और कल्पना से प्रस्तुत करनी पड़ती है। परन्तु पाठकों के सामने लेखक की मानसिक क्रिया कल्पना या श्रम अथवा भावानाओं के विलोड़न की अनुभूतियाँ जिन्हें लेखक विचार अथवा मनोरंजन की वस्तु प्रस्तुत करने के लिए स्वयं सहता है, पाठकों के सामने नहीं आ सकतीं। पाठकों के सामने तो उसके श्रम का परिणाम केवल पुस्तक अथवा छपे हुए, टाइप किये हुए अथवा लिखे हुए कागजों के रूप में ही आ सकता है। इसलिए लेखन की प्रक्रिया के सम्बन्ध में प्रश्न का अभिप्राय होगा कि लेखक कैसे लिखता है?

कोई लेखक कैसे लिखता है, इस प्रश्न का उत्तर सभी लेखकों से एक-सा नहीं मिलेगा, क्योंकि लेखक अपना काम अपने-अपने वैयक्तिक स्वभाव की सुविधा और प्रकृति के अनुसार करते हैं। लेखक की प्रक्रिया के सम्बन्ध में मैंने अब तक जो कुछ कहा है, वह लेखक समुदाय के व्यक्ति के रूप में कहा है। मैं कैसे लिखता हूँ, इस प्रश्न का उत्तर यह है कि मैं अनेक प्रकार की वस्तुएँ या अनेक विषयों पर लिखता हूँ। रचनाओं के लिखने का ढंग उनके विषय पर निर्भर करता है। राजनीतिक, सार्वजनिक और सामाजिक समस्याओं पर लिखने का मेरा ढंग यह है कि ऐसी समस्या की ओर ध्यान जाने पर जब चुप रहने से कर्त्तव्य की उपेक्षा अनुभव होने लगे तो उस समस्या के सम्बन्ध में आवश्यक जानकारी संग्रह कर अपने दृष्टिकोण को सार्वजनिक विचार के लिए प्रकाशित कर देना चाहता हूँ। इस प्रकार के लेख मेरे लेखन व्यवसाय का गौण अंग हैं। मुख्यतः मैं कहानियाँ अथवा उपन्यास लिखता हूँ। इस प्रकार की रचनाओं की लेखन प्रक्रिया कभी-कभी तो बहुत संक्षिप्त और तीव्र होती है। उदाहरणतः हाट-बाज़ार में सड़क पर कोई भी बात ऐसी दिखाई दे जाती है कि मन को छू जाये तो मैं अपने दृष्टिकोण से उसके विषय में विचार करने लगता हूँ और अपने विचार को प्रकट करने के लिए कल्पना से घटना गढ़ लेता हूँ। यही कल्पना कागज पर उतार दी जाने पर कहानी बन जाती है।

मैं आवश्यक नहीं समझता कि कहानियाँ लिख सकने के लिए विचारों को जगाने वाली परिस्थितियाँ हाट-बाजार या नगर-गाँवों में ढूँढ़नी पड़ें। कभी-कभी बातचीत में या स्वयं दूसरों की रचनाएँ पढ़ते समय कोई ऐसा वाक्य जँच जाता है कि मन के विचारों की खिड़की को खोल देता है और उस सम्बन्ध में विचार प्रकट करने की उत्सुकता जाग उठती है। अपने विचारों या मन्तव्य को मैं उदाहरणों से ही प्रकट करना चाहता हूँ। मेरा ख्याल है कि मनुष्यों का समाधान तर्क की अपेक्षा उदाहरणों द्वारा अधिक सुविधा से किया जा सकता है। वास्तव में घटित उदाहरण मनचाही बात को समझाने के लिए कहाँ मिल सकते हैं, इसलिए घटना के रूप में उनकी कल्पना कर लेनी पड़ती है। उदाहरण तभी सफल और सबल हो सकता है

जब वह पाठक को सत्य जान पड़े या पाठक का विश्वास पा सके। इसलिए कल्पना से घटना गढ़ते समय मैं उसे पूर्णतः विश्वास योग्य बनाने के लिए कल्पना से ही ऐसे पात्रों की सृष्टि कर लेता हूँ जो पाठकों को वास्तविक जान पड़ें। पाठकों को उन पात्रों की बातचीत और व्यवहार में असंगति और बेतुकापन न जान पड़े। जब कभी मैं अपने विचार में किसी गम्भीर और नाजुक समस्या को उदाहरण के माध्यम से समाज के सामने प्रस्तुत करना चाहता हूँ तो लेखन के लिए विचार प्रक्रिया बहुत लम्बी हो जाती है और उसे क्रमशः धीरे-धीरे जोड़ना पड़ता है। ऐसी बात अधिकांश में उपन्यासों के सम्बन्ध में होती है। विषयों के चुनाव में मुझे कठिनाई नहीं होती, उसका कारण यह है कि मैं वैयक्तिक दृष्टिकोण से नहीं, सामाजिक दृष्टिकोण से सोचता हूँ और उस दृष्टिकोण से विषयों की कमी नहीं हो सकती।

जहाँ तक लेखन प्रक्रिया की स्थूल अवस्था, कल्पनाओं और विचारों को कागज पर लिख देने या लिखा देने का सम्बन्ध है, मेरे व्यवहार में कोई कौतूहल की बात नहीं है। मैं समय-असमय काम नहीं कर सकता, मज़बूरी की बात दूसरी है। अपने व्यवसाय को उचित ढंग से निबाह सकने के लिए समय का अनुशासन उचित समझता हूँ।

साहित्य यथार्थवादी हो या आदर्शवादी

कभी साहित्य के सम्बन्ध में ऐसी मान्यता भी थी कि साहित्य कलाकार के आत्माभिव्यक्ति अथवा भावावेशों का उद्वेग मात्र होता है। साहित्य सृजन की प्रवृत्ति कलाकार के स्वान्तःसुखाय या आत्मतोष का ही प्रयत्न होता है। तब साहित्य रचना का प्रयोजन कलात्मक तुष्टि या बोलचाल की भाषा में मनोरंजन ही माना जाता था। कुछ लोग साहित्य को मानव प्रकृति के आध्यात्मिक उदात्तीकरण का साधन मानते थे। उनके विचार में साहित्य आत्मा के परमात्मा में लीन हो सकने का माध्यम था। ऐसी धारणाओं के दृष्टिकोण से साहित्य के सामाजिक प्रयोजन या लौकिक यथार्थ से सम्बन्ध का प्रश्न नहीं उठ सकता था। परन्तु जब साहित्य को यथार्थवादी या आदर्शवादी बनाने की चिन्ता की जाती है तो मान लेना पड़ता है कि साहित्य को भावना मात्र की तुष्टि अथवा आध्यात्मिक उदात्तीकरण का ही माध्यम न मानकर वैयक्तिक मानव जीवन के लिए लौकिक-भौतिक उपयोगिता की दृष्टि से देखा जा रहा है।

यथार्थ लौकिक और भौतिक होता है। यथार्थ का निर्णय केवल विश्वास मात्र से नहीं किया जा सकता। यथार्थ शब्द में ही ध्वनि अन्तर्निहित है कि इस प्रसंग में शंकाओं को ज्ञानेन्द्रियों से प्राप्त अनुभवों की कसौटी पर परखा जा सकता है। यह भी

कहा जा सकता है जो कुछ हमारे ज्ञान और अनुभव द्वारा परखा जा सकता है, वही यथार्थ होता है। हमारे परखे जा सकने वाले ज्ञान और अनुभवों की कसौटी की सीमाओं से परे जो क्षेत्र है, उसे हम विश्वास ही मान सकते हैं, यथार्थ या तथ्य नहीं कह सकते। साहित्य की एक लगभग सर्वमान्य परिभाषा है कि साहित्य मानव समाज की महत्त्वाकांक्षाओं, भावनाओं, परिस्थिति और क्रियाकलाप का प्रतिबिम्ब होता है। साहित्य यथार्थवादी हो या नहीं प्रश्न का अभिप्राय होगा कि साहित्य द्वारा प्रस्तुत समाज का बिम्ब या छाया हमारे लौकिक ज्ञान और अनुभव की कसौटी पर सच्चा उतरना चाहिए या नहीं? इसके साथ ही छोटा-सा प्रश्न हो सकता है कि मानव समाज का अस्तित्व यदि निर्विवाद यथार्थ है तो उसके प्रतिबिम्ब को यथार्थपरक या यथार्थवादी होना चाहिए या नहीं। इतनी बात से प्रश्न के आधे भाग पर कुछ प्रकाश पड़ सकता है।

प्रश्न का दूसरा भाग है, क्या साहित्य आदर्शवादी होना चाहिए? अर्थात् साहित्य द्वारा समाज के आदर्शों को प्रतिबिम्बित किया जाना या आदर्शों की प्राप्ति के लिए प्रेरणा और प्रोत्याहन दिया जाना चाहिए या नहीं। सामाजिक दृष्टि से आदर्श का अभिप्राय होता है--सामर्थ्य बढ़ाने की इच्छा और ऐसे लक्ष्य। साहित्य द्वारा ऐसे प्रयत्न के औचित्य के सम्बन्ध में शंका की गुंजाइश हो सकती है? यदि उत्तर आवश्यक है तो इतना कहना पर्याप्त होगा कि यदि समाज कल्याण के प्रयत्न की आवश्यकता है और हम साहित्य को समाज कल्याण का साधन बनाना चाहते हैं तो साहित्य का यही उपयोग होना चाहिए।

फिर भी प्रश्न है कि साहित्य यथार्थवादी हो या आदर्शवादी? भाव यह जान पड़ता है कि साहित्य में अपेक्षाकृत महत्त्व समाज की यथार्थ स्थिति के उद्‌बोधन पर दिया जाना चाहिए या आदर्शों के लिए प्रयत्न की प्रेरणा के लिए? यह सोचना उचित होगा कि किसी भी समाज में अपनी व्यवस्था के सुधार स्थिति के परिष्कार और सामर्थ्य को बढ़ाने की महत्त्वाकांक्षाओं का आधार क्या होता है? निश्चय ही इन इच्छाओं का स्रोत समाज को अपनी परिस्थिति का ज्ञान और अपूर्णता की अनुभूति होगा। यदि समाज को अपनी परिस्थिति का ज्ञान भरोसे लायक नहीं है तो उसकी महत्त्वाकांक्षाओं की योजनाओं और प्रयत्नों में भी भटकाव अवश्यम्भावी होगा। वास्तव में तो सामाजिक यथार्थ की चेतना ही आदर्शों की प्रेरणा देती है और सामाजिक आदर्शों की प्राप्ति की चेतना सामाजिक यथार्थ के ज्ञान को और भी आवश्यक बना देती है। साहित्य के क्षेत्र में यथार्थ और आदर्श में से एक को अपेक्षाकृत महत्त्व दे सकने का प्रश्न ही नहीं उठ सकता। साहित्य की दृष्टि से यथार्थ और आदर्श न केवल अन्योन्याश्रय परन्तु एक दूसरे के आधार और उत्पादक भी हैं। इन दोनों में से इसको या उसको चुन लेना कैसे सम्भव हो सकता है। कभी-कभी साहित्य में अति यथार्थ के प्रस्तुतिकरण पर आपत्ति भी सुनाई देती

है। इसका कारण है कि साहित्य को मुख्यतः सुरुचि की तृप्ति का साधन माना जाता है। समाज के बीभत्स यथार्थ के प्रतिबिम्ब सुरुचि के लिए अप्रिय हो जाते हैं। ऐसी अवस्था में दोष यथार्थ के प्रस्तुतिकरण में नहीं अपितु कलाकार की क्षमता में या शैली में होता है। ऐसे यथार्थ का प्रस्तुतिकरण समाज को क्षुब्ध करने के ढंग से नहीं अपितु समाज में आत्मालोचना की दृष्टि जगाकर बीभत्स अथवा जघन्य यथार्थ के प्रति चिन्ता और सहानुभूति जगाने के ढंग से होना चाहिए। समाज या साहित्य का आदर्श है, ऐसी अवांछनीय परिस्थितियों, अवस्थाओं या यथार्थ का उपाय कर सकना। इन अवांछनीय अवस्थाओं या यथार्थ की उपेक्षा कर देना या इन पर परदा डाल देना तो आदर्श की प्राप्ति में सहायक नहीं हो सकता। बल्कि यथार्थ की उपेक्षा आदर्श प्राप्ति की प्रेरणा और प्रयत्न को निर्बल ही करेगी। ऐसी अवस्था में साहित्य का यथार्थ से डरना, कतराना अपने दायित्व या आदर्शों की उपेक्षा करना हो जायेगा।

साहित्य सृजन के प्रसंग में यथार्थ और आदर्श में से एक को चुन लेने का कोई प्रश्न नहीं। प्रश्न तो तब होता जब यथार्थ और आदर्श में किसी द्वन्द्व की आशा या कल्पना की जा सकती। यह प्रश्न तभी उठ सकता है जब आदर्श शब्द को विश्वास या मान्यता शब्दों का समानार्थक मान लिया जाता है। यथार्थ सामयिक होता है। उसे ज्ञान और अनुभव द्वारा परखा जा सकता है। यथार्थ के ज्ञान और अनुभूति से बनाये गये आदर्श भी ऐसे ही होते हैं, परन्तु मान्यताएँ और विश्वास प्रायः ग्रहण कर लिये जाते हैं और उन्हें अनुभव या तर्क की कसौटी से जाँचने का प्रश्न नहीं उठता। यथार्थ बदलता रहता है, उसी के अनुसार आदर्श भी, परन्तु विश्वासों की शक्ति उनके न बदलने में ही है। यथार्थ सामयिक होता है और परखा जा सकता है। विश्वास और मान्यताएँ परम्परागत विरासत।

प्रश्न यह नहीं है कि साहित्य यथार्थवादी हो या आदर्शवादी। प्रश्न है कि साहित्य यथार्थपरक हो या विश्वासपरक। उत्तर प्रश्न द्वारा ही सरल होगा—हम साहित्य को मानव के लौकिक कल्याण, विकास और लौकिक आदर्शों की प्राप्ति का साधन बनाना चाहते हैं या नहीं? यदि हम ऐसा चाहते हैं तो हमारा साहित्य मानव कल्याण और विकास के लिए विश्वसनीयता और उपयोगिता की दृष्टि से, हमारे लौकिक ज्ञान और अनुभवों की कसौटी पर परखा जाने योग्य होना चाहिए या नहीं? यदि हम ऐसा चाहते हैं तो हमारे आदर्शों की प्राप्ति के लिए साहित्य का यथार्थवादी होना आवश्यक है।

यदि मुझे पुनः जीने का अवसर मिले तो...

इस प्रश्न पर सोचता हूँ, तो कल्पना करने लगता हूँ—नींद की बेसुधी में कोई जादूगर मेरे शरीर पर जादू की छड़ी घुमा दे। जादू और तिलिस्म की कहानियों के अनुसार मैं पालने में हाथ-पाँव हिलाता, कुलबुलाता शिशु बन जाऊँ। अपने पाँव का अँगूठा मुख में ले सकने का अभ्यास करने लगूँ। मेरा जीवन पुनः आरम्भ हो जाये।

जीवन को पुनः आरम्भ कर सकने के सुझाव से मन में अनेक प्रश्न और शंकाएँ उठने लगती हैं। इस प्रश्न की तह में यह विश्वास है, कि जीवन का कुछ प्रयोजन था जो पूरा नहीं हो पाया। अब योजना बनायी जाये, कि जीवन के उस प्रयोजन को पूरा कर सकने के लिए कैसी चेतना, सतर्कता और परिश्रम सहायक हो सकते हैं।

यदि यह मान लिया जाये कि प्रकृति और चराचर की सृष्टि करने वाली सर्वोपरि शक्ति, अपनी लीला की तुष्टि के लिए मनुष्यों को इस पृथ्वी पर जीवन देती है और मेरा जीवन भी लीलामय की लीला का अंश है तो फिर आप मुझे एक बार नहीं, सौ बार पुनः जीने का अवसर दीजिये, मैं स्वयं कुछ नहीं कर सकूँगा—मेरी इच्छा सदा उस लीलामय की लीला के अनुकूल ही होगी। वह मदारी मेरे जीवन के लट्टू को जैसे

चाहेगा, उछालेगा, फेंकेगा। यह विचार मुझे बहुत बीभत्स लगता है कि मैं किसी की लीला का खिलवाड़ मात्र हूँ।

मेरा तो ख्याल है कि इस सृष्टि का और मानव जीवन का, लीलामय-लोकोत्तर शक्ति द्वारा निश्चित कोई प्रयोजन नहीं है। मैं अपने जीवन को, जैसा भी वह बीत गया है और शेष बीतने का है, किसी भी कसौटी के आधार पर असफल मानकर, पुनः आरम्भ करने के लिए लालायित नहीं हूँ।

'यदि मुझे पुनः जीने का अवसर मिले...' की बात सोचने पर यह मानना पड़ता है कि मैं आज जो कुछ हूँ, वह अपनी सामाजिक परिस्थितियों, समाज से पाये संस्कारों और चेतना की क्रियाओं और प्रतिक्रियाओं के प्रभाव से बन गया हूँ। समाज से भिन्न मेरा कोई अस्तित्व अथवा चेतना नहीं रही और न हो सकेगी। मेरा जीवन अथवा व्यक्तित्व समाज में विराट् शरीर के असंख्य जीव-कोशों में से एक है जैसे प्रतिक्षण प्रत्येक मनुष्य के शरीर के असंख्य जीव-कोशों में कुछ जीव-कोश मरते और कुछ नये जन्म पाते रहते हैं, वैसे ही समाज के विराट् शरीर में मनुष्य-व्यक्ति जन्मते और मरते रहते हैं।

अतः मैं व्यक्तिगत रूप से पुनः जीने की कामना और कल्पना करने में कोई सार्थकता नहीं समझता। समाज के जिस शरीर का मैं एक जीव-कोश हूँ, उसमें प्रतिक्षण सैकड़ों-सहस्रों जीवन आरम्भ होते रहते हैं। कोई भी मनुष्य अपनी सन्तान को बढ़ते देखकर यह कामना नहीं करता कि वह स्वयं पुनः जीवन आरम्भ कर सके। मैं भी पुनः जी सकने के अवसर की बात सोचने की अपेक्षा अपने मुहल्ले, नगर और देश में प्रतिक्षण आरम्भ होते सहस्रों जीवनों के लिए अनुकूल अवसर और सुविधाओं की ही बात क्यों न सोचूँ?

जीवन के लिए अनुकूल अवसर और सुविधाओं की तालिका बहुत लम्बी हो सकती है। अपने अभावग्रस्त समाज की अवस्था को ध्यान में रखकर फ़िलहाल इतना ही चाहता हूँ कि आरम्भ होने वाले जीवनों के लिए, शारीरिक और मानसिक स्वास्थ्य के लिए आवश्यक भोजन, वस्त्र और शिक्षा की सुविधा तो ज़रूर हो। इतना हो जाने से मनुष्य बहुत कुछ कर सकता है।

आप कहेंगे, मैं जीवन से थककर परास्त हो गया हूँ, पलायन चाहता हूँ। यह बात नहीं है। बहुत शीघ्र मर जाने की इच्छा मुझे नहीं है। अपने विचार से मैंने जीवन का जो प्रयोजन बना लिया है, उसके अनुरूप सार्थकता से जी रहा हूँ। इसी वर्ष के आरम्भ में 'झूठा सच' का दूसरा भाग प्रकाशित हुआ है। पाठकों के अनेक पत्र आये हैं और बहुत लोगों की माँग है, कि मैंने जिन समस्याओं को छुआ है, उन पर अभी और लिखूँ। मेरी कल्पना में दो और उपन्यासों की धूमिल रेखाएँ हैं। कुछ विषयों पर निबन्ध रूप में भी लिखना चाहता हूँ। अभी मुझमें जीवित रहकर काम करने का उत्साह है।

मैं पुनः जी सकने के अवसर के बजाय, इसी जीवन को कुछ और समय तक जारी रखना चाहता हूँ, क्योंकि मुझे अपने इस जीवन में सार्थकता जान पड़ती है, लेकिन अमर हो जाने की कल्पना मुझे बिल्कुल पसन्द नहीं है। अमर होने की इच्छा तो वह करे जो पृथ्वी पर या संसार में अपनी सन्तान को जगह न देना चाहता हो।

और फिर मैं यह कैसे भूल जाऊँ, कि मैं स्वयं आज वह नहीं हूँ, जो आरम्भ में था इसलिए जैसा आज हूँ, वैसा भी सदा न रह सकूँगा। जरा मुझे ज़रा भी पसन्द नहीं। कभी मैं प्रौढ़ लोगों के बीच बैठता हूँ और कभी नौजवानों के बीच भी। प्रायः नौजवानों के विचार और व्यवहार मुझे अधिक आशाप्रद जान पड़ते हैं। सम्भव है कुछ नौजवान अपने विचारों की तुलना से मेरी प्रगति की कल्पनाओं को भी बोसीदा समझने लगे हों। आज नहीं तो कल विकासशील लोग ज़रूर ऐसा समझेंगे। फिर सड़ान्ध बनकर जीते रहने में क्या सार्थकता होगी?

युवा विद्रोह और साहित्यकार

साहित्यकार प्रायः अपने समय के समाज की परिस्थितियों का प्रतिबिम्ब होता है और तत्कालीन समाज की अनुभूतियों या महत्त्वाकांक्षाओं की अभिव्यक्ति हो सकता है। आज साहित्यकार से अपने देश में युवा विद्रोह के विषय में प्रश्न पूछा जा रहा है। स्पष्ट है, प्रश्न पूछने वाले अपने देश और समाज में युवा विद्रोह देख और अनुभव कर रहे हैं। शायद इस विद्रोह से चिन्तित भी हैं। साहित्यकार साधारणतः अब तक जो कुछ करता आया है, उस अनुभव के आधार पर उससे यही आशा की जा सकती है कि वह वर्तमान में युवा विद्रोह की स्थिति का यथा सामर्थ्य स्पष्ट चित्र समाज के सामने रख दे। यदि साहित्यकार कुछ गहरा जा सकता है तो शायद युवा वर्ग में विद्रोह के कारण असन्तोष पर और उससे एक और परत नीचे उतर सके तो असन्तोष के कारणों की ओर संकेत कर सकेगा। यदि असन्तोष और विद्रोह अन्त करने वाली स्थितियाँ समाज और देश में मौजूद हैं तो उन्हें अधिक स्पष्ट करके साहित्यकार असन्तोष और विद्रोह की ज्वाला को और अधिक भड़का सकता है। कुछ साहित्यकार असन्तोष और विद्रोह का कारण—परिस्थितियों पर परदा डालने का भी यत्न कर सकते है। मेरे विचार में उनके प्रयत्न सफल नहीं होंगे। विद्रोह का शमन तो उन्हीं लागों का उत्तरदायित्व है जो देश समाज को

व्यवस्था में रखने के लिए देश और समाज के शासन या व्यवस्था की नीति का दिशा दर्शन कर सकने के लिए शासन और राजनीतिक शक्ति की बागडोर सँभाले हुए हैं।

युवा वर्ग में विद्रोह उत्पन्न करने वाले असन्तोष के कारण क्या हैं? यह साहित्यकार से पूछना आवश्यक नहीं है। बहुत सीधी बात है, प्रत्येक व्यक्ति वृद्ध हो या युवा, स्त्री हो या पुरुष जीवन की नितान्त आवश्यकताओं को पूरा न कर सकने से व्याकुल और असन्तुष्ट रहता है। रोज़मर्रा बोलचाल की भाषा में इस स्थिति को यानी असन्तोष के कारण को बेकारी पुकारा जाता है। इसमें मतभेद की बहुत कम गुंजाइश है कि बेकारी यानी जीविका उपार्जन के अवसर के अभाव की परिस्थिति किसी भी व्यक्ति को क्षुब्ध कर देगी। यह कल्पना असम्भव नहीं है कि मनुष्यों का कोई वर्ग अभाव से क्षीण होता हुआ समाप्त हो जाये, परन्तु विद्रोह न करे। प्रकृति में अनेक जीव जीते रह सकने के लिए अनुकूल परिस्थितियों से वंचित हो जाने पर समाप्त हो जाते हैं। आदिम जातियों के अनेक क़बीले भी इस प्रकार नष्ट हो चुके हैं। इस देश के बूढ़े लोग जनश्रुति से जानी अकाल की बातों को भूल नहीं गये। पक्की उम्र के लोगों को सन् 1942 में बंगाल के अकाल की स्थिति याद भी होगी। सुना था लोगों ने हज़ारों की संख्या में भूख से व्याकुल होकर पेट के लिए और अपने बच्चों की जान बचाने के लिए अपने बच्चों को दो-दो, चार-चार रुपयों में बेच डाला था। बंगाल के अकाल के दिनों की बातें भी याद हैं। नगरों-कस्बों की सड़कों पर भूखों की लाशें बटोरना भी कठिन हो गया था। मुझे याद है उन दिनों स्वर्गीय पण्डित नेहरू बंगाल की स्थिति को देखकर इतने द्रवित और क्षुब्ध हो गये थे कि एक सार्वजनिक सभा में उनके आँसू बह आये। उनके मुख से निकल गया, मुझे हैरानी है कि ये लोग विद्रोह-बग़ावत क्यों नहीं कर देते। आज हमारे समाज में जो लोग बेकारी से क्षुब्ध होकर विद्रोह कर रहे हैं, वे असन्तुष्ट ज़रूर हैं, परन्तु निश्चय उतनी विकट परिस्थितियों में नहीं हैं जैसी परिस्थितियाँ बयालीस के और छप्पन के अकालों में हमारी जनता ने बिना विद्रोह किये भोग ली थीं। मैं वैसी सहिष्णुता को आदर्श नहीं समझता। इस उल्लेख का अभिप्राय यह संकेत है कि विद्रोह केवल असन्तोष या असह्य परिस्थितियों से नहीं उत्पन्न होता। विद्रोह के लिए किसी वर्ग या समुदाय में साहस की भी आवश्यकता होती है, यह बात ध्यान में रखना उपयोगी होगा। जब देश या समाज में परिस्थितियाँ ऐसी हों कि मनुष्य के लिए मनुष्य की तरह जीवित रहने का और विकास का अवसर असम्भव हो जाये, जनसाधारण की भावना की अभिव्यक्ति करने वाले साहित्यकार की प्रवृत्ति स्वभावतः विद्रोह द्वारा परिवर्तन के लिए साहस बढ़ाने की ओर होगी।

हमारे देश के युवा वर्ग में असन्तोष और उनकी विद्रोह भावना की आजकल

काफी चर्चा है। इस चर्चा की चिन्ता के समय इस देश के प्रसंग से व्यापक बेकारी का उल्लेख ज़रूर किया जाता है। युवा वर्ग में बेकारी के कारण असन्तोष बहुत हद तक विद्रोह भावना का कारण ज़रूर है परन्तु विद्रोह के लिए साहस का कारण बेकारी नहीं मानी जा सकती। उसकी भी चिन्ता उपयोगी है। हमारे देश के युवा वर्ग में विद्रोह भावना का कारण बेकारी बता दिया जाता है, परन्तु जिन देशों में बेकारी खास समस्या के रूप में नहीं है, वहाँ भी युवा वर्ग में वर्तमान मान्यताओं से विद्रोह भावना कम नहीं है। जो लोग हाल में पश्चिमी देशों की स्थिति देख आये हैं या ऐसे लोग जो पत्र-पत्रिकाओं अथवा अधुनातन साहित्य या वैयक्तिक सम्पर्क के माध्यम से अमेरिका, ब्रिटेन, जर्मनी और पूर्वी यूरोप के युवा वर्ग की भावना और गतिविधि को थोड़ा-बहुत जानते हैं, स्वीकार करेंगे कि उन देशों में बेकारी या अभाव के कारण न होने पर भी युवा वर्ग में प्रबल विद्रोह भावना है, कम-से-कम इस देश से कम नहीं है। ऐसा क्यों है?

युवा वर्ग में अपनी परिस्थितियों से असन्तोष और विद्रोह की भावना आज विश्वव्यापी है। इसी विद्रोह के सभी देशों में समान रूप से पाये जाने वाले कारण क्या हैं?

कुछ लोग तो अपने पार्थिव दृष्टिकोण के कारण अधिकांश समस्याओं का और युवा विद्रोह का भी मूल आर्थिक कारणों या बेकारी को बता देते हैं, परन्तु ऐसे भी विचारक हैं जो युवा विद्रोह का कारण बेकारी की अपेक्षा युवा वर्ग में परम्परागत आस्थाओं, धार्मिक विश्वासों या परम्परागत नैतिक मान्यताओं का क्षीण हो जाना बताते हैं। उनका कहना है, वर्तमान समाज विशेषकर युवा वर्ग का दृष्टिकोण और महत्त्वाकांक्षाओं का अत्यधिक पार्थिव और भौतिक हो जाना, प्राचीन या परम्परागत आदर्शों को भुला देना ही उनके पथभ्रष्ट होकर विक्षिप्त, क्षुब्ध और विद्रोही हो जाने का कारण है। उनका कहना है कि प्राचीन नैतिक आदर्श के अनुसार मनुष्य का सबसे बड़ा गुण श्रद्धा, विश्वास, सन्तोष, सहिष्णुता थे। आज का जनसाधारण विशेषतः युवा वर्ग श्रद्धा और विश्वास खो बैठा है। वह सन्तोष और सहिष्णुता भूल गया है। वह पाप से नहीं डरता, न उसे पुण्य की चिन्ता है। पहले व्यक्ति दीन स्थिति में होने पर दैन्य को अपना भाग्य मान कर सन्तुष्ट रहता था, अपने कष्टों को सह लेता था। सद्व्यवहार का साधारण नियम था—'देख पराई चूपड़ी मत ललचावै जीभ, रूखी सूची खाय के ठण्डा पानी पीव।' लोग अपनी स्थिति के अनुसार बड़ों यानी समर्थों को बड़ा मानकर उनके अनुशासन को स्वीकार कर अपनी स्थिति से सन्तुष्ट रहते थे। भगवद् इच्छा से जो पालकी पर बैठने का अधिकारी था, वह पालकी पर बैठता था और जो पालकी ढोने का अधिकारी था, वह सन्तोष से बिना आपत्ति यथाशक्ति पालकी ढोता था। इसी प्रकार जीवन के अन्य व्यापार चलते थे। प्रजा राजा के न्याय में सन्देह नहीं करती थी। पुत्र, पिता

की आज्ञा में सन्देह नहीं करता था। पिता पुत्र को अकारण भी बनवास दे दे तो चौदह बरस बनवास काट लेना मर्यादा पालन था। पत्नी, पति की सेवा और आदेश पालन अपने जीवन का लक्ष्य और धर्म मानती थी। सेवक, नौकर-मज़दूर अपना सबसे बड़ा धर्म स्वामिभक्ति मानते थे। आज प्रत्येक व्यक्ति सम्पन्न वर्ग की सुख-सुविधा चाहता है। कोई युवा स्वयं को दूसरे से कम मानने के लिए तैयार नहीं। प्रजा, राजा या सरकार को अपनी समझ से चलाना चाहती है। किसी हद तक चलाती भी है। बेटे, पिता के परामर्श को अव्यावहारिक कह देते हैं। वजह यह है कि अब हकीम के बेटे को हकीम और जुलाहे के बेटे को जुलाहा बनने का न अवसर है, न ज़रूरी। विद्यार्थी अध्यापक की बात को अविवाद सत्य मान लेने को तैयार नहीं। पत्नी के लिए पति से बराबरी के दावे का अवसर आ गया है। सेवक या नौकर स्वामी को अन्नदाता नहीं, शोषक कहता है। स्वामिभक्ति के पुण्य का फल अगले जन्म में पाने के बजाय आज का सेवक अपनी आवश्यकतानुसार मज़दूरी और बोनस का तक़ाजा करता है। अधिकांश परम्पराएँ व्यावहारिक ही नहीं रहीं, तो परम्परागत मान्यताएँ कैसे चलें? परिणाम यह है, अब जनसाधारण अभाव और कष्ट सह लेने को गुण न मानकर अपने कष्ट निवारण की माँग या प्रयत्न का साहस करता है। जनसाधारण की नये आदर्शों और नैतिकता के लिए खोज और माँग विद्रोह का रूप ले रही है। जनसाधारण यह तो खूब जानता है कि वह क्या तोड़ना चाहता है परन्तु उसकी माँग के समाधान का रूप क्या होगा, यह उसके सामने स्पष्ट नहीं, इसलिए बौखलाहट भी दिखाई देती है।

प्राचीन जीवन व्यवस्था की परम्पराओं का टूटना उचित हुआ या अनुचित—आदर्शवादी मान्यताओं या प्राचीन परम्परा की कसौटी से यह परखना पक्षपात होगा। किसी भी रंग का चश्मा लगाकर शेष वस्तुओं का रंग ठीक से नहीं पहचाना जा सकता। नये या आधुनिक विचारों के अनुसार उत्तर सीधा है। परम्पराएँ टूटीं इसलिए कि उनमें समाज में उत्पन्न नवीन साधनों के कारण आवश्यक परिवर्तन आ नहीं सकते थे। यह भी मानना होगा कि उस प्राचीन व्यवस्था और मान्यताओं के टूटने से मानव समाज का बहुत बड़ा भाग पूर्वापेक्षा बेहतर जीवन बिता रहा है। इसलिए समाज प्राचीन व्यवस्था और उस व्यवस्था की दीवारों या मूलभूत मान्यताओं को पुनः स्वीकार करने के लिए तैयार नहीं है। शायद कहा जायेगा—आज समाज के बहुत लोग भौतिक रूप से पूर्वापेक्षा अच्छा खा-पहन रहे हैं, अच्छी जगह में रहते हैं, अकड़ कर चलते हैं, परन्तु वे पूर्वापेक्षा सुखी नहीं हैं, क्योंकि वे अधिक असन्तुष्ट हैं। यह एक अन्तर्विरोध है कि मनुष्य कम खा-पहन कर, कष्ट में रहकर सन्तुष्ट रहे। उस समय बहुजन सन्तोष से सुखी नहीं थे, बल्कि निराशा से असमर्थ मौन थे। उनके सामने विकल्प या दूसरा मार्ग न था, इसलिए गर्दन डाले सह रहे थे। आज जो असन्तोष है, वह और बेहतर जीवन की माँग से आगे बढ़ने

के लिए है—पीछे लौटने के लिए नहीं।

यहाँ प्रश्न है, इन परिवर्तनों के साथ जनसाधारण या युवा वर्ग में व्यवस्था के प्रति जो उपेक्षा और अश्रद्धा पैदा हो गयी है, उनमें जो असंयम और उच्छृंखलता आ गयी हैं, वे निश्चय ही अवांछनीय हैं। युवा वर्ग में व्यवस्था के प्रति उपेक्षा, असंयम, उच्छृंखलता और बौखलाहट क्यों आ गयी और उसका क्या उपाय हो सकता है।

वस्तुपरक दृष्टि से यह जान पड़ता है और परम्परा के प्रति अनुराग रखने वाले लोग भी मानते हैं कि वर्तमान में जनसाधारण खासतौर पर युवा वर्ग में प्राचीन आस्थाओं के अभाव के कारण ही यह असंयम और उच्छृंखलता है। प्राचीन आस्थाओं में जनसाधारण और युवा वर्ग को नियम या व्यवस्था में रखने वाले तत्त्व थे—पहला, शासक शक्ति का भय और दूसरा, धर्म विश्वासजन्य भय या धर्म विश्वासजन्य लोभ। अव्वल तो जन समाज को नियम में रखने के लिए शासक शक्ति का दण्ड कारगर था। शासक के दण्ड अधिकार पर कोई शंका करने वाला न था। आज जनता शासक शक्ति को चुनौती देती है। उसे अपदस्थ करने की धमकी भी दे सकती है। जनता बहुत हद तक शासन भय से मुक्त हो गयी है या निर्भय और साहसी हो गयी है। शासक शक्ति के भय से अधिक कारगर भय का बन्धन था धर्म विश्वास। यदि व्यक्ति शासक के दण्ड से बच भी जाता था—तो उसके मन में बैठा पाप का भय उसके हाथ-पाँव बाँधे रहता था। इसके अतिरिक्त स्वीकृत मान्यताओं में उसे समेटे रहने के लिए निर्दिष्ट धार्मिक कर्त्तव्य पूरा करने पर पुण्य लोभ का प्रभाव भी कम नहीं था। प्रायः सुना जाता था कि राजा या मालिक की अवज्ञा करोगे तो जन्म-जन्म अब से बदतर हालत में रहोगे, दास बनकर मालिक का ऋण चुकाओगे। पति की अवज्ञा करने से परलोक में दण्ड की व्यवस्था का तो कहना ही क्या।

आज शासन दण्ड का भय, धर्म विश्वास से पाप का भय और पुण्य के लोभ की शक्ति क्षीण हो चुकी है। आज की हवा लगा व्यक्ति निर्भय हो जाने के कारण दबा रहने के लिए तैयार नहीं। उसका जीवन और व्यक्तित्व प्रश्नचिह्न है—जो मुझे नहीं भाता—असह्य है, क्यों सहूँ। मुझे किसका भय है? इसीलिए आज का युवा वर्ग उसके असन्तोष के कारण चाहे पार्थिव, आर्थिक हों या वैचारिक भावनात्मक या सांस्कृतिक हों, एकदम परिवर्तन या नयी मान्यता चाहता है। यह चिन्ता की बात है कि वह परिवर्तन के लिए प्रयत्न को संयम और अनुशासन में सुसंस्कृत ढंग से करने की चिन्ता नहीं करता। मेरे विचार से मनुष्य भय और लोभ के बन्धनों से छूट गया। यह तो चिन्ता का कारण नहीं होना चाहिए। अब उसे राजा के दैवी अधिकार या दैवी शक्ति के भय और कृपा के लोभ पर आश्रित विश्वासजन्य नैतिकता नियम में नहीं रख सकती। अब उसे एक नयी नैतिकता का विकास करना है जो भय और लोभ पर नहीं अपितु मानवमात्र के हित की चेतना से मानव

के अनुभूत विवेक के आधार पर बनी हो। ऐसी नैतिकता ही आधुनिक निर्भय और समर्थ मानव की भावना के लिए कल्याणकारी होगी। मानव समाज इस समय प्राचीन भय और लोभ आश्रित नैतिक मान्यताओं से छूट कर निर्भय तो हो गया परन्तु वह नयीं नैतिकता नहीं खोज पाया है, परन्तु वह आत्म निर्णय और आत्म विवेक से उद्भूत नैतिक मान्यताओं की ओर संक्रमण ज़रूर कर रहा है। युवा वर्ग का विश्वव्यापी विद्रोह इसी संक्रमण प्रक्रिया की बौखलाहट है। मनुष्य ने जब भी अपेक्षाकृत विज्ञान सम्मत दृष्टि और अनुभव आश्रित विवेक से मार्ग निश्चय किया है, वह मानव समाज के लिए कल्याणकारी हुआ है। भविष्य में भी होगा।

योग और अध्यात्म की खोज

'विश्व शान्ति कांग्रेस' में भाग लेने के लिए जून 1955 में फिनलैंड की राजधानी हेलसिंकी में था। हेलसिंकी के नागरिकों ने कांग्रेस में आये विभिन्न राष्ट्रों के लोगों से परिचय और मेल-मिलाप के लिए एक सन्ध्या मिलन समारोह किया था। भारतीय लेखक के नाते मैं भी निमन्त्रित था। ऐसे अवसर पर कार्यक्रम अधिकतर खाना-पीना, नाचना-गाना और निस्संकोच बातचीत होता है। समारोह में कुछ विलम्ब से गया। हमारे पहुँचने तक महफ़िल खूब गरम हो चुकी थी। बड़ा हॉल संगीत और वाद्यों के स्वर से गूँज रहा था। स्त्री-पुरुष परस्पर बाँहें फँसाए, गोल बाँधे, दूसरे हाथ में चषक थामे, अपने-अपने चषकों से दूसरों को पिलाने के बाद स्वयं पीकर सामूहिक मैत्री का उच्छ्वास प्रकट कर रहे थे। कुछ टोलियाँ परस्पर हाथ पकड़े गोल बाँधे नाच रही थीं। कुछ लोग हॉल के किनारे-किनारे लगी छोटी मेजों के साथ बैठे सिर भिड़ाये बातचीत में लीन थे। एक कोने में खाली मेज देख मैं दुभाषिये के साथ आ बैठा। मेज़बान पूछ रहे थे कि क्या लाया जाय। एक पूर्ण युवा पुरुष लपकता हुआ हमारी ओर आ गया। उसने अंग्रेजी में सम्बोधन किया—'श्रीमन्, अपने साथ बैठने की अनुमति दीजिये'।

'आप भारतीय लेखक हैं'? युवक बैठते ही बोला।

'आप भारत के विषय में क्या जानना चाहते हैं?' मैंने प्रश्न किया।

'कृपया मुझे योग का मार्ग बताइये। मुझे योग के सम्बन्ध में गहरी जिज्ञासा और उत्सुकता है। मैंने उसके विषय में कुछ अध्ययन किया है, परन्तु पर्याप्त ज्ञान और अभ्यास के लिए व्यावहारिक ज्ञान नहीं पा सका हूँ।'

उन्मुक्त मदिरा-प्रवाह, उल्लास के उन्माद और नृत्य संगीत की धमाचौकड़ी के वातावरण में योग-साधना का प्रसंग। स्वयं प्रश्नकर्त्ता की आँखें मदिरा से सुर्ख, चेहरे पर तनाव और स्वर में लरज। उसके अनुरोध से कुछ विस्मय हुआ और कुछ खीझ भी लगी। सौजन्य निबाहने के लिए बात की–'योग से आपका अभिप्राय क्या?'

'परमावस्था में आत्म-विस्मृति का अनिर्वचनीय आनन्द।' उसने सुर्ख़ आँखें मेरी आँखों में गड़ा कर उत्तर दिया।

सज्जन की सुधि चेताने के लिए पूछा–'परमावस्था (ट्रान्स) से अभिप्राय?'

'सांसारिक संघर्षों के मायाजाल से मुक्ति। आत्म-समाहित अवस्था का असीम, अनन्त आनन्द।' सज्जन का स्वर लड़खड़ा गया।

ख्याल आया, हमारे देश में भी योग-मार्ग की साधना का दावा करने वाले अनेक लोगों में सांसारिक संघर्ष के मायाजाल से आत्म-समाहित अवस्था प्राप्त करने के लिए गाँजा-चरस के दम लगाकर विस्मृति या संज्ञा-शून्यता की आत्म-समाहित परमावस्था प्राप्त कर सकने का चलन है। यह भला आदमी मदिरापान में उसी अवस्था की ओर बढ़ रहा है। इसकी महत्त्वाकांक्षा इससे अधिक अभेद्य संज्ञा-शून्यता की परमावस्था है।

पूछा–'अब तक कितने चषक ले चुके?'

'याद नहीं, शायद छह-सात।'

'दो चषक और ले लो,' उसे सलाह दी, 'कुछ समय के लिए सांसारिक मायाजाल से मुक्ति की परमावस्था में पहुँच जाओगे।'

सज्जन ने समझने के प्रयास में गिलास से घूँट भर कर दो-तीन बार पलकें झपकायीं–'हाँ, परन्तु केवल कुछ समय के लिए निरन्तर शाश्वत मुक्ति, परमावस्था चाहिए।'

उसके पेट में पहुँच चुकी मदिरा की अधिक मात्रा का प्रभाव उमड़ आया। उसका मुँह खुला रह गया। झोंके को सँभालने के लिए उसने कुर्सी की पीठ का सहारा लिया। सोचा–भला आदमी धुत्त, संज्ञा-शून्यता या आत्म-समाहित विस्मृत अवस्था के आनन्द को चिरस्थायी बना सकने के लिए योग की दीक्षा चाहता है। योग क्या समाज-संसार के प्रति लगाव और उत्तरदायित्व से स्वार्थी पलायन ही है? अन्य लोगों से बातचीत के लिए उठ गया।

याद आता है–चालीस-पचास वर्ष पूर्व अध्यात्म साधना और योगाभ्यास

समाज के कोलाहल से दूर एकान्त के विषय माने जाते थे। योगदीक्षा और योगाभ्यास के स्थान हाट-बाज़ार और मेले न होते थे। योगियों तक पहुँचने की लगन और कष्टसाध्य होती थी। योगी व्यक्ति की कठिन परीक्षा लेकर दीक्षा देते थे और योग साधना के लिए दीर्घ तप दरकार होता था।

हमारे यहाँ योग अध्यात्म के समर्थक कहते हैं—पश्चिम भौतिक सभ्यता के सुखों की क्षणभंगुरता को माया समझकर अध्यात्म और योग द्वारा परमावस्था के शाश्वत आनन्द की माँग कर रहा है। कौतूहल हो सकता है कि वर्तमान में योग से प्राप्य परमावस्था के आनन्द की कद्र, योग का विकास करने वाले भारत में क्यों घट गयी और पश्चिम में कैसे बढ़ गयी।

इस देश के लोग अनुभव से जानते हैं, भौतिक साधनों के अभाव में बेकारी, भूख और अस्वास्थ्य की पीड़ा में परमावस्था के शाश्वत आनन्द की ओर ध्यान नहीं जाता।

योग साधना या अध्यात्म के सम्बन्ध में दावे से प्रामाणिक बात कह सकने का अधिकारी नहीं हूँ। योग के सम्बन्ध में अनुभवगत परिचय योगासनों और प्राणायाम के यत्न तक ही है। योग की प्रचलित व्याख्या या परिभाषा है—योगः कर्मसु कौशलम् अर्थात् कर्मों में कुशलता ही योग है। पतंजलि के अनुसार, शब्द का व्याकरणगत अर्थ है—चित्तवृत्ति निरोध योग अर्थात् चित्त की वृत्तियों, इच्छाओं पर नियन्त्रण ही योग है।

जहाँ तक योग साधना से परमावस्था और मोक्ष प्राप्ति का प्रश्न है, ऐसी सफलता के लिए तर्क या अनुभवगम्य कोई प्रमाण नहीं मिल सकता। विज्ञान के प्रमाण केवल लौकिक या भौतिक वस्तुओं और स्थितियों के सम्बन्ध में हो सकते हैं, इसलिए इस विषय में विज्ञान से प्रमाण सम्भव नहीं। वह केवल विश्वास की बात है। योग से, अलौकिक सिद्धियों की प्राप्ति का विश्वास किया जाता है। वे अलौकिक सिद्धियाँ हैं—बिना भौतिक साधनों के दूर देश में सन्देश पहुँचा देना, आकाश मार्ग से या वायु पर अथवा जल पर चल लेना, शून्य से मनचाही वस्तु उत्पन्न कर देना, परन्तु देश में अनेक बार भयंकर अन्न संकट आ जाने पर विदेश में योग बेचने वाले इस देश के महायोगियों ने कभी प्रजा की सहायता के लिए शून्य से अन्न प्रस्तुत कर देने का चमत्कार नहीं दिखाया। योग सिद्धियों के प्रसंग में एक जातक कथा इस प्रकार है—

एक बार भगवान् बुद्ध शिष्यों सहित यात्रा पर थे। मार्ग में नदी के पत्तन से कुछ क़दम के अन्तर पर थे कि नाव पहिले आये व्यक्तियों से भर कर दूसरी ओर चल दी। बुद्ध शिष्यों सहित नाव के लौटने की प्रतीक्षा में बैठ गये। उनके पीछे एक जटाजूट-धारी योगी आया। योगी नाव की प्रतीक्षा न कर बेझिझक जल पर क़दम रखता नदी पार करने लगा। भगवान् के शिष्य चमत्कृत देखते रहे।

शिष्यों ने भगवान् से अनुरोध किया—'शास्ता, इस योगी की इस सिद्धि को देखें।'

भगवान् ने योगी की सिद्धि देख लेना स्वीकारा। तब शिष्यों ने प्रश्न किया—'ऐसी सिद्धि प्राप्ति का मूल्य बताइये?'

भगवान् बुद्ध ने उत्तर दिया—'एक पैसा देकर नदी पार हो सकते हैं। अतः सिद्धि का मूल्य एक पैसा।'

भगवान् बुद्ध के अनुसार जल पर चल सकने की सिद्धि का मूल्य एक पैसा यह भौतिक या लौकिक मूल्य हुआ। इस प्रकार अन्य सिद्धियों के मूल्य भी लौकिक ही होते हैं। योगियों की अलौकिक या लौकिक सिद्धियों का मूल्य या फल उनके व्यक्ति तक ही सीमित रहता है, समाज के लिए सुलभ नहीं हो सकता। वैज्ञानिकों और औद्योगिकों के तप और सिद्धि के फलस्वरूप आज पैसा कमाने के योग कौशल से सफल कोई व्यक्ति टेलीफोन पर हज़ारों मील दूर समाचार दे सकता है। आकाश विचरण तो नित्य सैकड़ों व्यक्ति करते हैं। अर्थात् योग से परमावस्था या मोक्ष की प्राप्ति के अतिरिक्त शेष अलौकिक सिद्धियाँ न केवल लौकिक या भौतिक हैं बल्कि आज पैसे द्वारा प्राप्त हो गयी हैं। योग भी व्यवसाय की वस्तु बन गया है। योग का भौतिक मूल्य धन के माप में बन गया है।

यदि पश्चिम से भौतिक साधनों के आयात के लिए, जिनमें राष्ट्र अपनी समस्याओं के हल का उपाय देखता है, इस देश से योग-अध्यात्म का निर्यात होता है तो चिन्ता नहीं होनी चाहिए।

सन् 1956 अप्रैल-मई में चेकोस्लोवाकिया के भीतरी भागों में घूमने का अवसर मिला था। इस देश का यावलोनेत्स नगर गहनों के अन्तर्राष्ट्रीय व्यापार के लिए प्रसिद्ध है। यावलोनेत्स से 25-30 किलोमीटर पर हरे-भरे टीलों के बीच कोज़ाकोव, एक बहुत छोटा-सा कस्बा है। स्थान के प्राकृतिक सौन्दर्य को मनुष्य के श्रम ने सँवार कर चार चाँद लगा दिये हैं। कस्बे के बीच से बहुत स्पष्ट नीले जल की धारा के दोनों तट पत्थरों से मढ़े हैं और दोनों किनारों पर प्रायः एक ही आकार के पोपलार के वृक्षों की क़तारें। सर्दी से बच कर भी प्राकृतिक दृश्य देख सकने के लिए होटल के कमरों की खिड़कियाँ और दरवाजे आदमकद काँच से मढ़े हुए हैं। उस स्थान पर पहुँच, पौन घण्टे के लगभग इधर-उधर घूम कर दुभाषिया मारिया और मैं होटल के बरामदे में बैठ गये, चाय की प्रतीक्षा थी।

कस्बे में बस्ती बहुत कम थी। स्थान शान्त, बहुत शान्त और विश्राम में ऊँघता-सा लग रहा था। वैसी ही मुद्रा होटल की भी थी। एक सज्जन ने होटल में प्रवेश किया—गहरे कत्थई रंग का सूट और हाथ में पोर्टफोलियो। हमारी ओर ही

चले आ रहे थे। चेहरे पर इष्ट को पा लेने की-सी प्रसन्नता का भाव था। आगन्तुक ने मुझे अंग्रेजी में सम्बोधन किया—'आप भारतीय हैं'? मेरे स्वीकार करने पर उनका चेहरा और भी खिल उठा, 'अपने नगर में भारतीय के आने का समाचार पाते ही दौड़ आया हूँ। इससे पूर्व ऐसा अवसर नहीं हुआ। भारत के प्रति मेरे मन में विशेष अनुराग और आदर है।'

सज्जन से भेंट कर मुझे भी बहुत प्रसन्नता हुई। अपने राष्ट्र के प्रति अनुराग और आदर किसे अच्छा नहीं लगेगा। यह व्यक्ति अंग्रेजी सरलता से बोल रहा था। चेकोस्लोवाकिया के अन्तर-प्रदेश में घूमते समय सप्ताह भर से दुभाषिया मारिया के अतिरिक्त अंग्रेजी में सरलता से बात कर सकने वाला व्यक्ति न मिला था। आगन्तुक को उत्तर दिया, 'यह भेंट मेरे लिए ही अधिक सन्तोष का कारण है। मेरे देश के प्रति आपकी जो भी जिज्ञासा हो, समाधान का यत्न करूँगा।'

आगन्तुक का चेहरा गम्भीर हो गया। बोला, 'मुझे भारत के अध्यात्म-ज्ञान के प्रति बहुत जिज्ञासा, अनुराग और श्रद्धा है, विशेषकर डिवाइन सांग (भगवद्‌गीता) के प्रति। मैंने उसका अध्ययन अंग्रेजी के माध्यम से किया है। मुझे संस्कृत भाषा से भी बहुत प्रेम है।' सज्जन ने अपना पोर्टफोलियो खोला, सुन्दर आर्ट पेपर पर छपा हुआ एक पैम्फलेट मेरे हाथ में देकर बोले, 'मैं गीता और भारतीय अध्यात्म का परिचय यूरोप के लोगों को देने का यत्न कर रहा हूँ। यह पैम्फलेट अंग्रेजी में है, आप इसे देखिये। अपने अवकाश का सम्पूर्ण समय इसी काम में लगाता हूँ।'

उत्सुकता से पैम्फलेट पर नज़र डाली। पैम्फलेट में भगवद्‌गीता के सम्बन्ध में तीन-चार पैरे का बहुत स्तुतिपूर्ण परिचय था। विशेष विस्मय यह देखकर हुआ कि पैम्फलेट में कुछ पंक्तियाँ देवनागरी अक्षरों में संस्कृत भाषा में छपी हुई थीं। पैम्फलेट पढ़कर विनोद की गुदगुदी अनुभव हुई, परन्तु आगन्तुक को ठेस न पहुँचाने के विचार से मुस्कान को वश में कर बताया, 'हमारे देश के प्राचीन आध्यात्मिक ज्ञान के प्रति पश्चिम में जो अनुराग और श्रद्धा है, उसके लिए हम आभारी हैं, परन्तु अनेक शताब्दियों तक अध्यात्म-ज्ञान का अवगाहन करने के पश्चात् हमारे राष्ट्र की जनता भौतिक ज्ञान और सामर्थ्य का महत्त्व भी समझने लगी है। आज हमारे राष्ट्र की प्रवृत्ति आध्यात्मिक कल्पनाओं की अपेक्षा भौतिक सामर्थ्य प्राप्त करने की ओर अधिक है, इसलिए हमारी जनता ने अपने संविधान में अपने राष्ट्र को धर्म-निरपेक्ष (सेक्युलर) राष्ट्र स्वीकार किया है।'

सज्जन के चेहरे की मुद्रा उत्तेजनापूर्ण गम्भीरता में बदल गयी, 'इसका अर्थ है कि आप पश्चिम की भौतिकता से आक्रान्त हो गये हैं। आप भारतीय अध्यात्म के वास्तविक महत्त्व को समझते ही नहीं।'

विनय से मुस्कराकर सज्जन को उत्तर दिया, 'परन्तु मैं तो भारतीय ही हूँ और मैंने भगवद्‌गीता और उपनिषद् आदि का भी कुछ अध्ययन किया है। मैं स्वयं को

आध्यात्मिक चिन्तन के आधार से सर्वथा अपरिचित नहीं समझता।'

सज्जन का स्वर और भी उत्तेजित हो गया, 'नहीं, आप भारतीय अध्यात्म के महत्त्व को नहीं समझते।' उसने आग्रह किया, 'स्वयं भारतीय अपने आध्यात्मिक ज्ञान को—भारतीयता के तत्त्व को खो बैठे हैं। वी हैव टु रीडिस्कवर इण्डिया फॉर इण्डियन्स (हमें भारतीयों को पुनः भारतीयता का परिचय देना होगा)।'

मैं सज्जन से पाया पैम्फलेट हाथ में लिये, भारतीयता से अपरिचित होने का लांछन सुनकर मुस्कान से उनके उत्तेजित चेहरे की ओर देख रहा था। सोच रहा था, क्या कहूँ?

मेरे हाथ में थमे पैम्फलेट में देवनागरी अक्षरों में छपी संस्कृत की पंक्तियों के ऊपर अंग्रेजी में लिखा था—मूल डिवाइन सांग (भगवद्गीता) डिवाइन लैंग्वेज (देववाणी संस्कृत में है)। यहाँ गीता का एक श्लोक देववाणी संस्कृत की देवलिपि में दिया जाता है। जो पंक्तियाँ गीता के मूल श्लोक के रूप में उद्धृत थीं, वे वास्तव में बालकों को पढ़ाई जाने वाली संस्कृत की पुस्तक हितोपोदेश से एक कहानी की कुछ पंक्तियाँ थीं—'एकस्मिन वनोद्देशे भासुरको नाम सिंह प्रतिवस्तिस्म...' आदि-आदि।

सोच रहा था, यह हैं भारतीय अध्यात्मवाद के पश्चिमी प्रशंसक और प्रचारक। हमें हमारी आध्यात्मिकता की महत्ता का पुनः परिचय देना चाहते हैं और जो हितोपदेश की कुछ पंक्तियों को ही गीता का सन्देश मानकर उससे आध्यात्मिक बल तथा उच्चता का अनुभव कर लेने का विश्वास कर सकते हैं। इस उदाहरण से यह भी स्पष्ट हुआ कि हितोपदेश की पंक्तियों को यदि गीता मान कर आध्यात्मिक श्रद्धा की पूर्ति हो सकती है तो अध्यात्म के लिए निराधार विश्वास भी पर्याप्त हो सकता है।

आदर्श दम्पती

किसी व्यवहार को आदर्श की संज्ञा दे दी जाती है तो स्वभावतः उसे अनुकरणीय भी मान लिया जाता है। आदर्श दम्पती की चर्चा करते समय यही अभिप्राय होता है कि पति-पत्नी के किस प्रकार के व्यवहार को अनुकरणीय माना जाय। ऐसा विचार करते समय यह सावधानी आवश्यक है कि हमें पति-पत्नी के सम्बन्धों और आचरणों पर, सामयिक व्यावहारिकता की भूमि पर ग़ौर करना है।

हम प्रायः ही आदर्शों को निश्चित करते समय अतीत की स्वीकृतियों का सहारा लेना उचित समझते हैं। मुझे सामाजिक जीवन के सभी क्षेत्रों में, अतीत के विश्वासों और सामयिक वैयक्तिक तथा सामाजिक व्यवहारों में अन्तर्विरोध दिखाई देता है। हम आदर तो परम्परागत मान्यताओं अथवा आदर्शों का करना चाहते हैं, परन्तु जीवन की आवश्यकताओं की मजबूरियाँ हमारे व्यवहारों को चेतन अथवा अचेतन में—सामयिक परिस्थितियों के अनुकूल बना देती हैं। इस तथ्य को हम जीवन निर्वाह के लिए आवश्यक वस्तुओं के उत्पादन और रोज़मर्रा के अपने रहन-सहन-पोशाक से लेकर आर्थिक, सामाजिक तथा राजनीतिक व्यवस्थाओं में भी स्वीकार करने के लिए मजबूर हैं। बहुत स्थूल उदाहरण तो हमारे देश और समाज की शासकीय अथवा राजनीतिक व्यवस्था है। डेढ़-दो शताब्दि पूर्व

तक हम देश के शासक अथवा राजा का अधिकार और स्थान भगवान् द्वारा दिया हुआ, वंश क्रमानुगत और प्रजा के पिता का मानते थे। आज हम सरकारी नौकरों को छोड़ कर, जिनका काम केवल शासन की नीति निश्चित करने वालों के आदेशों को पूरा करना है, वास्तविक शासकों को स्वयं ही चुनते हैं या ऐसे लोग शासन का अधिकार और अवसर पाने के लिए हमारे सामने वोट के लिए झोली पसारे घूमते हैं। उनसे असन्तुष्ट होने पर, पाँच वर्ष बाद उन्हें बदल भी सकते हैं। हमारे देश और समाज में गृहस्थ जीवन अथवा दाम्पत्य के सम्बन्ध और व्यवहार भी परिस्थितियों के प्रभावों और आवश्यकताओं के कारण, प्राचीन मान्यताओं के अनुसार नहीं चल पा रहे हैं। एक स्थूल परिवर्तन तो हमारे गृहस्थों अथवा परिवारों की व्यवस्था और रूप में यह हो चुका है कि संयुक्त परिवारों अथवा कुनबों की प्रणाली सम्भव नहीं रही। परिवारों अथवा गृहस्थों का रूप और व्यवस्था एक दम्पती और उनकी सन्तान के परिपार्श्व तक ही सीमित हो गया है। इन छोटे-छोटे सीमित परिवारों में भी पति-पत्नी के वैयक्तिक स्थान, कर्त्तव्य और अन्योन्याश्रयता उस प्रकार के नहीं रहे जैसे आज से पचास वर्ष पूर्व भी थे। इन परिवर्तनों का मुख्य कारण है, हमारे जाने या अनजाने में, गृहस्थ अथवा परिवार निर्माण के प्रयोजन में ही परिवर्तन आ जाना। प्रश्न की बहुत सीधी पकड़ के लिए हम कह सकते हैं कि अतीत की नैतिक और आचार सम्बन्धी आदर्श मान्यताओं के अनुसार गृहस्थ जीवन अथवा दाम्पत्य सम्बन्धों का प्रयोजन था वंश रक्षा, मानव समाज की वृद्धि या सन्तानोत्पत्ति। कालिदास ने रघुवंश में महाराजा दिलीप की प्रशंसा करते समय सूर्यवंश की आचार निष्ठा की घोषणा की है 'प्रजायै गृहमेधीनाम्' अर्थात् सन्तानोत्पत्ति के लिए ही गृहस्थ अथवा दाम्पत्य स्वीकार करने वाले। तत्कालीन समाज में गृहस्थ अथवा दाम्पत्य के इस प्रयोजन के अनुकूल ही शंका के अवसर से रहित और अधिकतम सन्तान प्राप्त कर सकने के लिए ही पारिवारिक आदर्शों की, पति-पत्नी के कर्त्तव्यों अथवा अधिकारों और उनके सम्बन्धों के आदर्शों की कल्पना की गयी थी। इस प्रयोजन अथवा आदर्श को मान कर ही परिवार में पति का स्थान अथवा अधिकार कर्त्ता का था। पत्नी परिवार के प्रयोजन का क्षेत्र थी, उसका अधिकार सुरक्षा और सम्मानपूर्ण भरण-पोषण का था। पत्नी के लिए सम्मानपूर्ण सम्बोधन गृहिणी इत्यादि थे। पत्नी के अधिकार और सीमा का क्षेत्र परिवार का आँगन था। पत्नी के लिए अति सम्मान की कल्पना का आदर्श उसका असूर्यम्पश्या अर्थात् उसका घर के भीतर इतना बन्द रहना था कि उस पर सूर्य की किरण भी न पड़ सके। भद्र, सम्पन्न और अभिजात वर्ग में किसी की पत्नी का कुशल-मंगल पूछ लेना भी वार्तालाप का सम्मानित ढंग नहीं माना जाता था। यदि गृहिणी के स्वास्थ्य के विषय में जिज्ञासा करनी हो तो प्रश्न किया जाता था—बाल-बच्चे स्वस्थ व प्रसन्न हैं? उस समय के सुसंस्कृत वर्ग का कोई व्यक्ति कल्पना या महत्त्वाकांक्षा

नहीं कर सकता था कि उसकी बेटी देश की मन्त्री अथवा प्रधानमन्त्री बन जाये। बेटी की सबसे बड़े सौभाग्य की कल्पना यही हो सकती थी कि वह सुध-बुध सँभालने से पूर्व किसी सम्मानित और समृद्ध वंश का क्रम सुरक्षित रखने के लिए ससुराल चली जाये।

नारी के जीवन की सफलताओं के सम्बन्ध में हमारी कल्पनाओं और महत्त्वाकांक्षाओं में यह परिवर्तन हमारे देश और समाज की सामयिक नारी के विचारों और व्यवहारों पर प्रभाव डाले बिना कैसे रह सकता है? यदि हम अपने देश की आधुनिक नारी के व्यक्तित्व में इस परिवर्तन को स्वीकार करते हैं तो उसे अतीत के पारिवारिक और दाम्पत्य सम्बन्धों के आदर्शों में कसे रखने की आशा कैसे कर सकते हैं? आज हम पत्नी के लिए भी कर्त्ता के रूप में उन सब अधिकारों को स्वीकार करने के लिए मजबूर हैं जिन्हें अतीत में केवल पति के लिए करते आये हैं। ऐसी हालत में हमें पति-पत्नी के सम्बन्धों के आदर्शों के विषय में भी अपनी कल्पनाएँ बदलनी पड़ेंगी।

आदर्श दम्पती के सम्बन्ध में मान्यताओं अथवा कल्पनाओं को बदलने की मजबूरी का मुख्य कारण है सामयिक परिस्थितियों में गृहस्थ, विवाह अथवा दाम्पत्य सम्बन्ध के मूल प्रयोजनों का बदल जाना। प्राचीन आचार निष्ठा में आस्था की प्रतिज्ञा निबाहना चाहने वाले लोग आज भी दाम्पत्य सम्बन्ध का प्रयोजन सन्तानोत्पत्ति मानना चाहेंगे, परन्तु यह बात न वास्तविक है और न व्यावहारिक। यह बात सुनने में बुरी लग सकती है परन्तु सच्चाई यह है कि देश समाज की परिस्थितियों के कारण देश के अधिकांश समझदार लोग और देश की सरकार भी जनता से सन्तति-निग्रह अथवा परिवार नियोजन का अनुरोध करने के लिए मजबूर हो गयी है। आज हमारे ही देश-समाज में नहीं बल्कि संसार के सभी सभ्य देशों में समझदार लोगों की राय है और अनुभव भी है कि परिवार को सुखी रखने और उन्नति तथा विकास का अवसर देने के लिए आदर्श परिवार वह है जिसमें सन्तान की संख्या दो अथवा तीन से अधिक न हो।

अब प्रश्न हो सकता है कि क्या दो अथवा तीन सन्तानें हो जाने के पश्चात् दाम्पत्य सम्बन्ध की आवश्यकता, प्रयोजन या सार्थकता रह जायगी? यथेष्ट सन्तानें हो जाने के बाद भी कुछ लोग दाम्पत्य सम्बन्ध की आवश्यकता इसलिए समझेंगे कि परिवार के स्वामी कर्त्ता पति को गृहकार्य, सन्तान के पालन अथवा अपनी सेवा के लिए पत्नी की आवश्यकता रहेगी। इस उत्तर पर आधुनिक नारी की दृष्टि से विचार कीजिये। वह अपने जीवन की सम्पूर्ण सम्भावनाओं और सामर्थ्य की गृहसेवा अथवा सन्तान पालन के लिए सीमित कर देने के लिए तैयार न होगी। आज के सभ्य समाज में नारी स्वयं को नर अथवा परिवार की सेविका मानने के लिए तैयार नहीं। वह जीवन के सभी क्षेत्रों में पुरुष के समान सामर्थ्य

और सफलता पाकर दिखा रही है, वह घर की चारदीवारी की बन्दी बनने के लिए तैयार नहीं। वह पुरुष से बाल-भर या रत्ती-भर भी दबने के लिए तैयार नहीं, इसलिए आज दाम्पत्य जीवन के आदर्श की कल्पना पति-पत्नी की पूर्ण समता और अवसर की समता के आधार पर करनी होगी।

आज हमें यह मान्यता छोड़नी पड़ेगी कि विवाहित जीवन अथवा दाम्पत्य सम्बन्ध का प्रयोजन अथवा आदर्श सन्तानोत्पत्ति मात्र और पति के लिए सेवा पा सकने का अवसर है। आज हमें मानना पड़ेगा कि दाम्पत्य सम्बन्ध का प्रयोजन पारस्परिक सहयोग से जीवन को अधिक-से-अधिक सन्तोषपूर्ण बनाना है। यह भी मानना पड़ेगा कि दाम्पत्य सूत्र में बँधे हुए पति और पत्नी सब प्रकार से समान अवसर के अधिकारी और परस्पर दमन से मुक्त स्वतन्त्र वैयक्तिक रखने वाले व्यक्ति हैं। परस्पर अनुराग के कारण पति-पत्नी बन जाने पर भी उनके कार्य क्षेत्र, रुचियों और प्रवृत्तियों में भेद हो सकता है और दोनों को ही सन्तोष और सार्थकता अनुभव करने के अवसर का पूर्ण अधिकार होना आवश्यक है। दाम्पत्य सम्बन्ध का प्रयोजन परस्पर दमन और नियन्त्रण का अधिकार न मान कर परस्पर सहायक होना मानना होगा। दाम्पत्य सम्बन्ध के क्षेत्र की पूरी मीमांसा तो बहुत ब्यौरे की बात होगी। संक्षेप में इतना ही पर्याप्त समझना चाहिए कि सामयिक परिस्थितियों में वही दम्पती सुखी, सफल और अनुकरणीय होंगे जो एक दूसरे के प्रति सद्भावना, सहायता और सहानुभूति से एक दूसरे की रुचियों और आवश्यकताओं का आदर करते हुए अधिकतम सहनशीलता का व्यवहार कर सकें।

भाषा का प्रश्न

उत्तर प्रदेश में उर्दू को क्षेत्रीय भाषा स्वीकार किये जाने की माँग का विरोध रहा है और अब भी है। इस प्रश्न में बुनियादी समस्या या प्रश्न की पृष्ठभूमि है कि प्रदेश में हिन्दी भाषा और हिन्दी लिपि को राजभाषा स्वीकार किया जा चुका है। माँग है कि उर्दू को भी उत्तर प्रदेश में शासन तथा शिक्षा के लिए हिन्दी के समान ही उपयोग में लाये जा सकने की स्वीकृति दी जाये और उसकी शिक्षा के लिए भी हिन्दी के समान प्रबन्ध करके सुविधाएँ दी जायें। प्रदेश में जनता अपनी रुचि से दोनों में से जिस भाषा का चाहे प्रयोग कर सके। इस माँग का आधार यह है कि भारत के विधान में भारतीय भाषाओं में उर्दू को भी एक भाषा गिना गया है।

उर्दू को उत्तर प्रदेश में क्षेत्रीय भाषा बनाये जाने की माँग पर या इस माँग के विरोध की बुनियादी समस्या पर विचार करने का सुझाव है। इस सुझाव के अनुसार, पहला प्रश्न यही होगा कि उर्दू को क्षेत्रीय भाषा स्वीकार करने के सुझाव का अभिप्राय क्या है? क्या उर्दू हिन्दी से भिन्न कोई स्वतन्त्र भाषा है? इस विषय में सन् 1952 में जब अंजुमन तरक्की ए उर्दू ए हिन्द ने उर्दू को क्षेत्रीय भाषा स्वीकार करने की माँग उठायी थी, बहुत कुछ कहा-सुना जा चुका है। भाषाशास्त्र की दृष्टि से भी इस प्रश्न पर विचार किया जा चुका है। उर्दू-हिन्दी के

व्याकरण, उनके इतिहास को दृष्टि में रखकर उन्हें दो भाषाएँ स्वीकार नहीं किया जा सकता। सम्भव है कुछ लोग कहें भाषाशास्त्र के नियमों को जनसाधारण नहीं समझता, व्यवहार में तो हिन्दी-उर्दू दो भिन्न-भिन्न भाषाएँ हैं। यदि हिन्दी और उर्दू दो भाषाएँ न होतीं तो हिन्दी के उत्तर प्रदेश की राजभाषा स्वीकार कर लिये जाने पर उर्दू के क्षेत्रीय भाषा के रूप में स्वीकार किये जाने की माँग क्यों उठती? जो लोग उर्दू को अपनी मातृभाषा मानते हैं, वे उर्दू की अवहेलना से असन्तुष्ट क्यों रहते? प्रश्न को शास्त्र की दृष्टि से नहीं व्यवहार की दृष्टि से देखना उचित है।

इन सबल व्यावहारिक युक्तियों के उत्तर में हम एक चुनौती देना चाहते हैं—यदि हिन्दी और उर्दू एक दूसरे से पृथक्, भिन्न-भिन्न भाषाएँ हैं तो आप हिन्दी का कोई ऐसा एक वाक्य बोलिये जिसमें संस्कृत के शब्दों का बाहुल्य न हो और उर्दू का जुमला न कहा जा सके या आप उर्दू का कोई ऐसा जुमला कहिये जिसमें फ़ारसी शब्दों का बाहुल्य न हो और उसे हिन्दी न कहा जा सके। संस्कृत और फ़ारसी दो भाषाएँ हैं। इन भाषाओं के शब्दों का प्रयोग किसी भाषा में किये जाने पर वह भाषा ही बदल जायेगी, यह नहीं मान लिया जा सकता। भाषा शब्दों से नहीं क्रिया पदों, सर्वनामों और कारकों से पहचानी जाती है। 'ए राजा वेंट टु जंगल फॉर शिकार'। इसे कोई भी हिन्दी प्रेमी या हिन्दी विरोधी हिन्दी नहीं कह सकता। हालांकि इसमें अंग्रेजी के तीन शब्दों के साथ हिन्दी के भी तीन शब्द हैं। सम्भव है, इंग्लैण्ड के गाँव का कोई किसान इस शब्द को न समझे परन्तु वह यह नहीं कहेगा कि यह अंग्रेजी नहीं है, यही कहेगा कि यह अंग्रेजी विदेशी शब्दों के कारण उसके लिए दुर्बोध है। इसी प्रकार उत्तर प्रदेश का परम्परागत भाषा में अरबी, फारसी, तुरकी और अंग्रेजी के शब्दों के समा जाने पर या वाक्य-विन्यास का ढंग बदल लेने से यह कोई अन्य भाषा नहीं बन जाती। अलबत्ता इस भाषा में कुछ भिन्न शैलियाँ बन गयी हैं। इस प्रकार हिन्दी और उर्दू दो भिन्न भाषाएँ न होकर उन्हें दो भिन्न शैलियाँ ही माना जायेगा। उदाहरण के लिए 'मेरे मौला मदीना बुला ले मुझे'। इस वाक्य को आप हिन्दी से भिन्न भाषा कह सकते हैं? या 'इक़बाल बड़ा उपदेशक है, मन बातों से मोह लेता है' इस वाक्य को आप उर्दू से भिन्न भाषा कह सकते हैं? यदि आप इसे हिन्दी कहेंगे तो इक़बाल उर्दू का नहीं, हिन्दी का कवि माना जायेगा।

कुछ ऐसे भी ज्ञानी हैं जो भाषाशास्त्र के नियमों के अनुसार हिन्दी-उर्दू को दो भाषाएँ न मान सकने पर भी यह तर्क देते हैं कि मूल में हिन्दी-उर्दू दोनों एक ही ज़बान होकर, क्रमशः विकास में अपनी-अपनी संस्कृतियों, सम्प्रदायों, संस्कृत और अरबी-फ़ारसी के प्रभाव से दो अलग-अलग ज़बानें बन गयी हैं। वे दोनों अलग-अलग संस्कृतियाँ और सम्प्रदायों की प्रतीक हैं। मूल में एक ओर आगे बढ़कर दो ज़बानें बन जाने की प्रवृत्ति से हमें डर लगता है क्योंकि मूल में एक और आगे चलकर दो

ज़बानें साँप की होती हैं। साँप की प्रवृत्ति अच्छी नहीं होती।

ऐतिहासिक प्रमाणों के आधार पर सम्पूर्ण उत्तर भारत में भी कभी दो भाषाएँ नहीं रहीं। सन् 1946 में जब कॉन्स्टीच्युएंट असेम्बली के सामने राष्ट्रीय भाषा की समस्या का प्रश्न था। तब इस विषय में खोज करके एक मसविदा कॉन्स्टीच्युएंट असेम्बली के सामने पेश करने के लिए तैयार किया गया था। इस मसविदे में भाषा के प्रश्न पर इस देश की परम्परा और ऐतिहासिक दृष्टि से ध्यान दिलाने के लिए सत्रहवीं सदी में भारत में आये विदेशी यात्रियों, एडवर्ड पेरी, पियेत्रो, देल्ला वाले, कासिनो, बेलीगासी आदि के उद्धरण देकर बताया गया था कि उस समय भी इस देश की भाषा में अरबी-फारसी के पर्याप्त शब्द मिल जाने पर भी इस देश की भाषा एक ही थी और वह बायीं ओर से नागरी लिपि में लिखी जाती थी।

इस देश की भाषा हिन्दी पर अरबी-फ़ारसी का प्रभाव बहुत पड़ा है, यह हम स्वीकार करते हैं। 'हिन्दी' शब्द स्वयं ही फ़ारसी के प्रभाव का प्रमाण माना जा सकता है। परन्तु उस प्रभाव से यहाँ किसी अन्य भाषा का जन्म हो गया है, यह बात न तो भाषाशास्त्र की दृष्टि से मानी जा सकती है और न व्यावहारिक अनुभव की दृष्टि से ही। यदि हिन्दी पर अरबी-फ़ारसी के प्रभाव को ही उर्दू कहा जाये तो वह हिन्दी में समाहित हो चुका है। इस प्रभाव से हिन्दी से पृथक् कोई भाषा नहीं बन गयी है। जैसा कि ऊपर दिये कुछ वाक्यों से स्पस्ट है और राज्य की जनता की रोज़मर्रा की भाषा इसका प्रमाण है। इस लेख या वक्तव्य की भाषा से भी स्पष्ट है। हिन्दी और उर्दू दो भाषाएँ हैं या एक, इस प्रश्न पर कहना है कि दो भाषाओं का सम्पर्क होने पर स्थानीय भाषा या एक भाषा दूसरी भाषा के शब्दों को हज़म कर लेती है, परन्तु दो भाषाओं के सम्पर्क से किसी तीसरी भाषा का जन्म नहीं हो सकता। स्पष्ट है इस देश की भाषा हिन्दी का सम्पर्क देश की अन्य भाषाओं और अरबी-फ़ारसी से होने पर हिन्दी में उन भाषाओं के शब्दों के सम्मिलित होने की जो प्रक्रिया हुई उसे उर्दू या खड़ी बोली भी कहा गया परन्तु उर्दू नाम की कोई नयी भाषा नहीं बन गयी। यदि मैं इस लेख की भाषा और शैली की तुलना तुलसी, सूर और बिहारी की भाषा से करूँ या ईस्ट इण्डिया कम्पनी के समय फोर्ट विलियम में लल्लूलाल जी द्वारा लिखाये गये हिन्दी ग्रन्थों से करूँ तो इसे हिन्दी न कहकर खड़ी बोली या उर्दू ही कहना होगा। आज हिन्दी में प्रकाशित होने वाले सभी समाचार-पत्र और साहित्य उस हिन्दी की तुलना में अरबी-फ़ारसी के प्रभाव से युक्त हिन्दी की शैली उर्दू ही है। आधुनिक हिन्दी का प्रयोग करने वाले लेखक हिन्दी की उर्दू शैली का विरोध कर ही नहीं सकते, हाँ वे अपनी भाषा को सर्वसाधारण के लिए दुर्बोध बना देने के लिए उसमें अरबी-फ़ारसी शब्दों की अधिकता पसन्द नहीं करते। उदाहरणतः जब इक़बाल कहता है–

इक़बाल बड़ा उपदेशक है, मन बातों से मोह लेता है, गुप्तार का ग़ाज़ी यह तो

बना किरदार का ग़ाजी बन न सका।

तो इसे हम हिन्दी भी कहेंगे और हिन्दी की उर्दू शैली भी कहेंगे, जिसमें दो ऐसे शब्द हैं जो सर्वसाधारण के लिए कठिन हैं परन्तु उनके प्रयोग के विरुद्ध जिहाद नहीं बोलेंगे, यह जरूर चाहेंगे कि शब्द सुबोध होते तो अच्छा था।

बुनियादी प्रश्न यह है कि उर्दू के हिन्दी के अन्तर्गत शैली होते हुए हिन्दी को इस राज्य की राजभाषा स्वीकार कर लिये जाने पर आप उर्दू को भिन्न भाषा के रूप में क्षेत्रीय भाषा स्वीकार की जाने की माँग क्यों उठाते हैं? उर्दू के भी क्षेत्रीय भाषा मान ली जाने पर यदि प्रयोजन अरबी-फ़ारसी के शब्दों के प्रयोग को प्रोत्साहित करना है तो आज भी उसके विरुद्ध कोई कानूनी प्रतिबन्ध नहीं है। आप यह भ्रम फैलाकर कि उर्दू इस राज्य में उपेक्षित है या बहिष्कृत है, प्रजा के एक भाग को उत्तेजित क्यों करना चाहते हैं? आप एक भाषा को दो भाषाएँ क्यों स्वीकार करा देना चाहते हैं, उन्हें क्यों बाँट देना चाहते हैं?

इस देश की परम्परा से एक चली आयी भाषा को जो ऐतिहासिक प्रक्रिया में परिवर्तनों और विकास का आत्मसात् करती आयी है और जिसने अरबी और फ़ारसी के प्रभावों को भी आत्मसात् किया है, उसे दो भाषाएँ बना देने के प्रयत्न का इतिहास क्या है? उन्नीसवीं सदी के आरम्भ तक भी इस देश या राज्य में कभी हिन्दी और कभी फ़ारसी दोनों लिपियों का प्रयोग होने पर कविता और साहित्य की भाषा एक ही थी। गिलक्राइस्ट, रिज़ले और ग्रियर्सन आदि अंग्रेज भाषाशास्त्रज्ञ अपनी घृणित शासन व्यवस्था के प्रति हिन्दुओं और मुसलमानों के संयुक्त मोर्चे से भयभीत थे। उन्होंने उत्तर प्रदेश की जनता के इतिहास में भ्रमपूर्ण धारणाएँ उत्पन्न कीं और उनकी भाषा के विकास के सम्बन्ध में नये-नये सिद्धान्त गढ़ डाले। उन्होंने पुलिस में मुसलमानों को खास तौर पर भरती करना शुरू किया और अपनी नौकरशाही का काम चलाने के लिए एक जटिल भाषा गढ़ डाली और उसके लिए फ़ारसी लिपि नियत कर उसका नाम उर्दू रख दिया। अंग्रेजी राज्य में चलने वाली इस उर्दू का सौदा, मीर, नज़ीर और इंशा की भाषा से कोई सम्बन्ध नहीं जैसे कि साधारण हिन्दी से डॉक्टर रघुबीर के बनाये पारिभाषिक शब्दों का कोई सम्बन्ध नहीं। इस जटिल भाषा द्वारा अंग्रेजी राज की पुलिस और नौकरशाही सर्वसाधारण का दमन करते रहे।

उत्तर प्रदेश में दो भाषाओं को मान्यता देने या हिन्दी और उर्दू को पृथक्-पृथक् भाषाएँ बना देने के प्रयत्न के विषय में अंग्रेज नौकरशाही ने हिन्दी की उर्दू शैली को फ़ारसी लिपि देकर और अरबी-फ़ारसी शब्दों से भर कर एक पृथक् भाषा का रूप देने का यत्न इसलिए किया कि अंग्रेज नौकरशाही हिन्दू-मुसलमानों की एकता और संयुक्त राष्ट्रीयता से भयभीत थी, वह उन्हें दो राष्ट्रीयताओं के भेद और फूट की नीति से निर्बल बना देना चाहती थी। इसी प्रयोजन से अंग्रेज नौकरशाही

के परम सहायक सैयद अहमद ने हिन्दी और फ़ारसी के संयोग से एक नयी भाषा उर्दू की पैदाइश की और भारत इस्लाम को स्वीकार कर लेने वाली जनता की नयी राष्ट्रीयता का सिद्धान्त बनाकर 'सर' का खिताब पाया। इतिहास का यह विवेचन ठीक है। यह भी हमें मानना पड़ेगा कि पृथक् भाषा और पृथक् राष्ट्रीयता के सिद्धान्तों से ही पृथक् निर्वाचन क्षेत्रों और दो पृथक् राष्ट्रों—हिन्दुस्तान और पाकिस्तान की नींव पड़ गयी थी।

भिन्न भाषा और भिन्न संस्कृति के सिद्धान्त जैसे पहले साम्प्रदायिकता के आधार पर फूट के साधन बने थे, वैसे ही आज भी बन रहे हैं। उर्दू मुसलमानों की मज़हबी ज़बान नहीं है, परन्तु मुसलिम मुहल्लों और देहात में जब उर्दू को इलाक़ाई ज़बान बनाने की माँग पर दस्तख़त करने का आन्दोलन चलाया जाता है तो यही समझाया जाता है कि उर्दू मुसलमानों की क़ौमी ज़बान है। उर्दू को हिन्दी से पृथक् भाषा बनाने के साथ-साथ मुसलमानों की एक पृथक् क़ौम भी बना दी जाती है। यह भाषा के प्रश्न पर साम्प्रदायिक माध्यम से राष्ट्रीयता में फूट डालना है।

उत्तर प्रदेश में एक राष्ट्रीयता, एक संस्कृति और एक ही भाषा हिन्दी जिसमें उर्दू सम्मिलित है, होते हुए भी उर्दू को क्षेत्रीय भाषा की मान्यता देने का प्रश्न किस आधार पर खड़ा हो गया है? हिन्दी उर्दू एक ही भाषा है परन्तु उर्दू शैली ने फ़ारसी लिपि को विशेषकर अपना लिया है और उर्दू को क्षेत्रीय भाषा की मान्यता देने की माँग का अर्थ विशेषकर फ़ारसी लिपि को क्षेत्रीय मान्यता देने का है।

जो लोग उर्दू को अलग भाषा या ज़बान मानने का आग्रह करके उसे क्षेत्रीय मान्यता देने की माँग करते हैं उनका तर्क यह है कि उर्दू का विकास इसी देश या राज्य में हुआ है, वह इस समाज और पृथ्वी की उपज है। उर्दू शैली के सम्बन्ध में यह तर्क हमें मान्य है परन्तु क्या फ़ारसी लिपि के लिए भी यह दावा किया जा सकता है कि वह इस देश के समाज और भूमि की उपज है? इस देश में इस लिपि का प्रयोग इस देश पर आक्रमण करने वालों की सुविधा के लिए आरम्भ हुआ था।

इस राज्य की राष्ट्रीय एकता, एक संस्कृति और एक भाषा में विश्वास करने वाले लोग जो कुछ इस समाज की संस्कृति में समाहित होकर इस संस्कृति और भाषा का हो गया है उसे ढूँढकर बाहर निकाल देने के पक्ष में नहीं हैं। हम हिन्दी भाषा को सत्रहवीं-अठारहवीं सदी के रूप में नहीं ले जाना चाहते, न अरबी-फ़ारसी या अन्य भाषाओं के जो शब्द हमारी भाषा में जम और सज गये हैं उन्हें ही निकालने के पक्ष में हैं। जो भी साहित्य इस भाषा की जिस किसी शैली में बना है उस सबको हम अपनी राष्ट्रीय निधि मानते हैं, परन्तु क्या फ़ारसी लिपि भी हमारी भाषा या संस्कृति के साथ समाहित हो गयी है? कोई भी संस्कृति अन्य संस्कृतियों के सम्पर्क में आने पर उन तत्त्वों को ग्रहण कर लेती है जो उपयोगिता की दृष्टि से

उस संस्कृति के विकास के लिए सहायक होते हैं, परन्तु जो तत्त्व परम्परागत राष्ट्रीय संस्कृति के स्वभाव के अनुकूल नहीं होते अथवा उपयोगी नहीं होते, उन्हें स्वीकार नहीं करती। हम फ़ारसी लिपि को इस राज्य में क्षेत्रीय भाषा की मान्यता देने की माँग करने वालों से पूछना चाहेंगे कि इस कसौटी पर फ़ारसी लिपि के विषय में क्या तथ्य और क्या अनुभव हैं? फ़ारसी लिपि न केवल इस देश की भाषा और संस्कृति के साथ एक नहीं हो पायी, बल्कि इस लिपि की उपस्थिति ने एक के स्थान पर दो भाषाओं का भ्रम उत्पन्न किया। आज भी जब यह प्रश्न उपस्थित होता है तो कहा जाता है सवाल दो ज़बानों का नहीं, दो रस्मुलख़त का ही है। मुगल काल में शासकों की सुविधा के लिए इस लिपि का प्रयोग हुआ और फिर ब्रिटिश काल में लगभग सौ वर्ष तक इस लिपि को इस राज्य की जनता पर लादे रखा गया। इतने लम्बे सम्पर्क के बाद भी यह लिपि इस राज्य की जनता के मन में कितना घर कर पायी है, आज उसके उपयोग के लिए आप फिर राजशक्ति की दुहाई देना आवश्यक समझ रहे हैं।

हम मानते हैं कि राज्य में कुछ लोग लगभग दो-ढाई प्रतिशत फ़ारसी लिपि का उपयोग जारी रखना चाहते हैं। ऐसे भी लोग हैं जो इस लिपि से अपना साम्प्रदायिक अनुराग समझते हैं। जो लोग अपने अभ्यास या सन्तोष के कारण इस लिपि का प्रयोग करना चाहते हैं? उन पर कोई प्रतिबन्ध अब भी नहीं है। यदि ऐसा कोई प्रतिबन्ध लगाया गया होता तो हम नागरिक स्वतन्त्रता के अधिकार के नाते उस प्रतिबन्ध का विरोध करते। परन्तु उत्तर प्रदेश में फ़ारसी लिपि के क्षेत्रीय भाषा के रूप में सरकारी मान्यता देने की माँग के कई ऐसे आनुषंगिक परिणाम होंगे जिसकी ओर सम्भवतः सांस्कृतिक स्वतन्त्रता और विकास के नाम पर इस माँग का समर्थन करने वालों का ध्यान शायद अभी नहीं गया।

उत्तर प्रदेश में दो लिपियों को मान्यता देने के प्रश्न पर विचार करते समय राज्य के आठ-दस प्रतिशत साक्षर लोगों की ओर ही क्यों ध्यान दिया जाये? जब तक राज्य की एक लिपि है निरक्षरों को साक्षर बनाने का माध्यम वही लिपि होगी, परन्तु राज्य में दो लिपियों को कानूनी मान्यता दे दी जाने के बाद कादिर और केदार से यह पूछना आवश्यक हो जायेगा कि वह किस लिपि में साक्षर होना चाहता है अथवा अपनी सन्तान को किस लिपि में साक्षर बनाना चाहता है? ऐसा प्रश्न करने से पूर्व इस धारणा को स्वीकार कर लेना होगा कि लोगों की लिपि उनकी राष्ट्रीयता के आधार पर नहीं उनके सम्प्रदायों के आधार पर है। दोनों सम्प्रदायों का एक-दूसरे से सरोकार नहीं, क्योंकि साक्षरता तो मनुष्यों में सम्पर्क का माध्यम ही है। हम पूछना चाहते हैं इससे गहरी साम्प्रदायिकता और क्या होगी? क्या यह सम्प्रदायों के आधार पर जातियाँ बनाने का प्रयत्न न होगा? क्या यह राष्ट्रीय फूट की ब्रिटिश कुटनीति और सर सैयद अहमद की दो जातियों की

नीति का अनुसरण करना नहीं होगा? और दो लिपियों में साक्षरता की नीति का परिणाम यह होगा कि एक लिपि में साक्षर बने लोग दूसरी लिपि में साक्षर बने लोगों के लिए निरक्षर होंगे और यह सीमाएँ साम्प्रदायिक होंगी। दो लिपियों को क्षेत्रीय मान्यता देने के समर्थक क्या यह बताने की कृपा करेंगे कि प्रतिक्रियावाद और साम्प्रदायिकता की लपेट में आने का इससे भिन्न और क्या परिणाम होगा?

फ़ारसी लिपि के लिए क्षेत्रीय मान्यता की माँग करने वाले लोग इस माँग के समर्थन के लिए जनवाद की दुहाई देते हैं। यह देखना आवश्यक है कि फ़ारसी लिपि को क्षेत्रीय मान्यता देने से व्यवहार में कैसे जनवादी परिणाम निकलेंगे। आठ प्रतिशत लोगों के सन्तोष के लिए फ़ारसी लिपि को क्षेत्रीय मान्यता देने की माँग का प्रयोजन यह बताया जाता है कि इस लिपि का व्यवहार शिक्षण और शासन के कार्यों में समान रूप से हो सके। इस माँग की स्वीकृति का परिणाम यह होगा कि शेष बानबे प्रतिशत जनता पर यह मजबूरी हो जाये कि यदि वे जीविका के लिए शासन कार्य में नौकरी करना चाहते हैं तो वे फ़ारसी लिपि का भी अभ्यास करें। आठ प्रतिशत जनता का राज्य की लिपि और भाषा से असन्तुष्ट रहकर अपने आग्रह से बानबे प्रतिशत पर एक मजबूरी लाद देना क्या है? आठ प्रतिशत का बानबे प्रतिशत की भावना और निर्णय को स्वीकार कर लेना जनवाद की माँग नहीं है?

कुछ लोगों का सुझाव है कि उत्तर प्रदेश में फ़ारसी लिपि को क्षेत्रीय मान्यता देने का यह अर्थ नहीं कि राज्य की भाषा हिन्दी अनिवार्य न हो। हिन्दी की शिक्षा तो अनिवार्य ही होगी, फ़ारसी लिपि सीखने और उसके प्रयोग का अवसर मात्र दिया जायेगा। फ़ारसी लिपि सीखने पर आज कौन कानूनी प्रतिबन्ध है? और यदि फ़ारसी लिपि सीखना चाहने वालों के लिए भी हिन्दी लिपि का ज्ञान अनिवार्य है तो सरकारी दफ्तरों में फ़ारसी लिपि के भी प्रयोग की माँग का क्या अर्थ है? इसका अर्थ है कि एक समुदाय को राज्य की लिपि का ज्ञान होते हुए भी अपनी एक विशेष लिपि का प्रयोग कर अपने अस्तित्व को पृथक् समझना चाहते हैं। आप राज्य की और इस देश की परम्परागत लिपि को अपना नहीं समझते। ऐसी अवस्था में फ़ारसी लिपि के लिए कानूनी क्षेत्रीय मान्यता प्राप्त हो जाने के पश्चात् और उस लिपि से सब आवश्यकताएँ पूरी हो सकने का अधिकार प्राप्त हो जाने के बाद वह समुदाय राज्य की लिपि से असहयोग और परहेज क्यों नहीं करेगा? हिन्दुस्तान में भाषा और लिपि के माध्यम से एक समुदाय विशेष की अपने पृथक् अस्तित्व की नींव डालने की माँग के परिणाम क्या हुए हैं, यह हमारे सामने है। उत्तर प्रदेश में भी उसी इतिहास को दोहराने का परिणाम क्या होगा, यह समझना जरूरी है। आज पृथक् क्षेत्रीय भाषा और लिपि की माँग कल मुख़्तलिफ़ क़ौमियत या पृथक् राष्ट्रीयता के लिए वैध आन्दोलन की नींव क्यों नहीं होगी? भाषाशास्त्र की दृष्टि से हिन्दी-उर्दू दो पृथक् भाषाएँ न होने पर भी उर्दू के क्षेत्रीय भाषा बना

दिये जाने का प्रश्न इस आधार पर वैध बताया जा रहा है कि कॉन्स्टीच्युएशन में भारत की 14 भाषाओं में भी उर्दू का नाम आ गया है। यदि उर्दू को पृथक् भाषा के रूप में क्षेत्रीय मान्यता दे दी जाती है तो क्या कुछ लोगों का यह वैध अधिकार नहीं हो जायेगा कि वे अपने आपको वैधानिक रूप से पृथक् भाषा का समुदाय माने जाने का तक़ाजा करें? और पृथक् निर्वाचन क्षेत्र की माँग करें और उसके बाद पृथक् भूखण्ड की भी।

कुछ उदाराशय लोगों का सुझाव है कि उर्दू हिन्दी से पृथक् भाषा हो या न हो यदि उर्दू और फ़ारसी लिपि को क्षेत्रीय मान्यता देने से अल्पसंख्यकों का समाधान हो सकता है तो इस माँग को स्वीकार कर लेने की उदारता दिखायी जानी चाहिए।

उदारता से व्यवहार करने के लिए यह भी समझ लेना आवश्यक है कि अल्पसंख्यकों को किस प्रकार के समाधान की आवश्यकता है? वे किस प्रकार की आशंकाओं से पीड़ित हैं और सबसे बड़ी बात कि वे किस आधार या कसौटी पर अल्पसंख्यक हैं। यह बात तर्कसंगत नहीं जान पड़ती कि एक समुदाय अल्पसंख्यक तो सम्प्रदाय के आधार पर हो और उनके संरक्षण और समाधान की माँग भाषा के प्रश्न पर हो। उत्तर प्रदेश में भाषा की दृष्टि से अल्पसंख्यक यदि किसी को समझा जा सकता है तो उत्तर प्रदेश के पहाड़ी लोगों को। उत्तर प्रदेश के सभी जिलों, तहसीलों में सदियों से बहुसंख्यक और अल्पसंख्यक एक साथ बसे हुए हैं जो सदियों से एक ही बोली या भाषा बोलते आये हैं। इतना ही नहीं अतीत में उनके वंश भी एक ही रहे हैं। उनका रक्त-मांस भी एक ही मूल की फैलती गयी शाखाएँ-प्रशाखाएँ हैं। उनमें भाषा का भेद कैसे हो सकता है।

मातृभाषा का धर्म विश्वास या सम्प्रदाय से कोई सम्बन्ध नहीं हो सकता। अंजुमन तरक्की ए उर्दू ए हिन्द स्वयं इस बात पर जोर दे रहा है कि उर्दू को मुसलमानों की मज़हबी ज़बान नहीं कहा जा सकता। धर्म विश्वास कभी भी या जीवन में अनेक बार बदला जा सकता है, मातृभाषा बदली नहीं जा सकती। भाषा का सम्बन्ध साम्प्रदायिक विश्वास से नहीं, राष्ट्रीयता और भूमि से होता है।

उर्दू या फ़ारसी लिपि को अल्पसंख्यक सम्प्रदाय का प्रश्न बनाकर सरकार से उसके लिए सुविधाओं और प्रोत्साहन की माँग करना नितान्त उपहासास्पद होगा। इस देश का विधान और सरकार धर्म निरपेक्ष (सेक्यूलर) है। धर्म निरपेक्ष सरकार धार्मिक विश्वास की स्वतन्त्रता और अनुष्ठान के लिए संरक्षण और आश्वासन दे सकती है परन्तु सरकार से धार्मिक दृष्टि से शिक्षा की सुविधाओं की माँग करने का अर्थ तो यह भी हो सकता है कि स्कूलों में यज्ञों के अनुष्ठान और नमाज़ पढ़ने की शिक्षा के प्रबन्ध की भी माँग की जाये।

यह ठीक है कि उर्दू का समर्थन करने वालों में केवल अल्पसंख्यक ही नहीं, कुछ ऐसे लोग भी हैं जो उर्दू साहित्य के प्रति प्रेम के कारण उसे क्षेत्रीय मान्यता

और संरक्षण देना चाहते हैं। ऐसे लोग उत्तेजना में आकर उर्दू को अपनी मातृभाषा भी कहने लगते हैं, परन्तु यह बात न तथ्य है, न तर्कसंगत। मातृभाषा कभी दो-चार या दस-पाँच लोगों की नहीं हो सकती। मातृभाषा माँ की बोली को कहा जाता है, जिसमें तुतलाना आरम्भ किया जाता है। हमें विस्मय ही होगा यदि भारत का कोई भी साहित्यिक यह दावा करे कि उसने ग़ालिब और ज़ौक की शायरी से तुतलाना आरम्भ किया था। मातृभाषा पूरी बिरादरी और समाज की होती है, व्यक्तियों की नहीं।

जहाँ तक उर्दू शैली के साहित्य की रक्षा और उसे प्रोत्साहन देने की माँग है, हम भी उसे देश, राष्ट्र और समाज की बहुमूल्य निधि समझते हैं, इस शैली के परिष्कार और सबलता की सराहना करते हैं, परन्तु उसकी रक्षा का उपाय उसे एक समुदाय विशेष की लिपि में सीमित रखने में नहीं हो सकता। इस साहित्य को वह लिपि देकर सबल बनाना आवश्यक है जो इसे न केवल उत्तर प्रदेश में बल्कि पंजाब, बिहार, मध्य भारत, राजस्थान और महाराष्ट्र तक का क्षेत्र दे दे। उर्दू शैली के विस्तार और विकास के लिए हम उस शैली के लेखकों से अनुरोध करेंगे कि वे हिन्दी लिपि अपना कर इस शैली को सामर्थ्यवान और व्यापक बनायें।

शामे अदब

***शामे अदब** : 1967 में हिन्दी-उर्दू के लेखकों की गोष्ठी में, सूचना केन्द्र लखनऊ में एक अजीब हंगामे में पढ़ा गया। गोष्ठी के अध्यक्ष नागर जी ने जैसे ही सज्जाद ज़हीर का नाम पुकारा वैसे ही यशपाल जी ने खड़े होकर कहा—पहले मैं अपना पेपर पढ़ूँगा, अगर ना हो तो मैं 'वाक आउट' करता हूँ।*

उस हंगामे में यह फैसला हुआ कि पहले यशपाल जी ही अपना पेपर पढ़ेंगे क्योंकि एक दिन पहले वह रवीन्द्रालय में आयोजित 'शामे अदब' में से उठ कर चले आये थे, क्योंकि उसमें अब्बास साहब ने अपनी कहानी में उर्दू को एक 'वेश्या की लड़की' और हराम की औलाद' के प्रतीक में पेश किया था, जो यशपाल जी को नागवार गुजरा और यह स्वागताध्यक्ष के पद को छोड़कर चले आये। (वहीं यह पेपर पढ़ा जाना था)

इस पेपर को सुन कर ख्वाजा अहमद अब्बास ने कहा—इस उम्दा तकरीर के बाद मैं कभी हिन्दी-उर्दू का सवाल नहीं उठाऊँगा। प्रस्तुत है 'शामे अदब' में पढ़ा गया मूल लेख—

हमारे प्यारे दोस्त, आदरणीय अदीब मेहमानो और साहित्य का रस पाने के लिए इस शामे अदब की महफ़िल में पधारे साथियो! साहित्य या अदब से शौक और प्रेम लखनऊ की पुरानी परम्परा है। आज की शाम हमारे शहर के लिए निहायत खुशी और फ़ख्र का मौका है। मेहमान अदीब दोस्तो, मैं लखनऊ के साहित्यिकों और साहित्य में रस लेने वाले समाज

की तरफ से आपका स्वागत तहदिल-से करता हूँ और ऐसा मौका पाने के लिए अपने शहर के साहित्यिक साथियों को बधाई देता हूँ। साहित्य हमारी सांस्कृतिक या तमद्दुनी ज़िन्दगी की सबसे बड़ी ज़रूरत है। आप हमारी इस ज़रूरत को पूरा करते हैं। लखनऊ से बहुत से साहित्यिक आपसे अच्छे परिचय और मित्रता का फ़ख्र कर सकते हैं, लेकिन साहित्य से वास्ता रखने वाली पूरी जनता भी आपकी रचनाओं या तसनीफ़ों के सहारे दिमाग़ और भावना से आपसे वाकिफ़ है। इसलिए आज आपको अपने बीच पाने और आपकी रचनाएँ आपके ज़बानी सुन पाने का मौका इस शहर की बड़ी ख़ुशक़िस्मती है।

आज की महफ़िल के लिए मौजू नाम शामे अदब समझा गया है। हमारे प्यारे और आदरणीय मेहमान उर्दू के शायर और लेखक कहे जाते हैं। कुछ लोग यह भी मान सकते हैं कि यह उर्दू साहित्य की ही महफिल है। लेकिन मैं इस संगत को अपनी शिक्षित जनता की भाषा की अदबी महफ़िल या साहित्यिक समारोह मान रहा हूँ। कुछ ही मिनट में हमारे मेहमानों की रचनाएँ और कलाम आपके सामने आयेंगे। उससे मेरे ख़याल की तसदीक़ हो जायेगी। आप पायेंगे कि हमारे मेहमानों की भाषा या ज़बान वही है जो लखनऊ के और इस देश के शिक्षित नागरिक बोलते-सुनते या रोज़मर्रा की ज़िन्दगी में व्यवहार में लाते हैं। यह अदब हमारी भाषा का और हम सब का साहित्य है। इस भाषा को हम हिन्दी भी कह सकते हैं और उर्दू भी। हमारी भाषा और अदब को दो हिस्सों में बाँटने की कोशिश की गयी है, लेकिन हमारी ख़ुश-क़िस्मती है कि उन्हें अलग-अलग करना मुमकिन नहीं। यह बदक़िस्मती है कि हमारे शहर में और कुछ दूसरी जगहों पर भी परम्परा से एक, हमारे अदब और भाषा की दो अलग-अलग ज़बानें और अदब मानने और अलग-अलग कानूनी मान्यता देने के लिए आवाजें उठाई जा रही हैं। मुझे पूरा विश्वास है कि हमारे देश के अदीब ऐसी रुझानों को न सिर्फ़ हमारे साहित्य की बढ़ती के लिए, बल्कि हमारे राज्य और ज़मीन के ऐतिहासिक रूप से एक बने तमद्दुन और राष्ट्रीयता के विकास के लिए खतरनाक समझते हैं।

हमारी रोज़मर्रा की ज़िन्दगी और अदब की भाषा एक ही है, इसका सुबूत आपको न सिर्फ़ इस महफ़िल में मिलेगा बल्कि वह हमारे साहित्य की परम्परा में भी मौजूद है। हमारे आज के अदब, जिसे हिन्दी या उर्दू के नाम दिये जाते हैं, की शुरुआत और अब तक का विकास दो अलग-अलग दिशाओं और हदों में नहीं हुआ, बल्कि हमारी शिक्षित जनता द्वारा बोली जाने वाली भाषा में हुआ है। मैं अपने मेहमानों और श्रोताओं के बीच ज्यादा देर तक रुकावट नहीं डालना चाहता लेकिन लखनऊ में अदबी महफ़िल हो तो हिन्दी-उर्दू के पहले कहानी लेखक इंशा अल्लाह की याद कैसे न आये। ख़ालिस उर्दू के बारे में इंशा अल्लाह का ख़याल था—'जिसमें फ़ारसी की पुट न हिन्दवी की छुट आवे, तब मेरा मन मयूर की तरह नाच जावे'। हिन्दी और उर्दू कविता के बानी कलाम है—'सिरहाने मीर के

आहिस्ता बोलो, अभी टुक रोते-रोते सो गया है'। एक सबकी सुनी ग़ज़ल का शेर है—'सौ बार गर तुम रूठ गये हम तुमको मना ही लेते थे, एक बार गर हम रूठ गये तुम हमको मनाना क्या जानो'। अगर कोई जिद्द करे कि यह उर्दू है, हिन्दी नहीं तो अर्ज़ करूँगा कि इस शेर के सब लफ्ज़ हिन्दी के या संस्कृत धातुओं के बदले हुए रूप हैं। दूसरा शेर अर्ज़ है—'इक़बाल बड़ा उपदेशक है मन बातों से मोह लेता है, गुफ्तार का ग़ाजी यह तो बना किरदार का ग़ाजी बन न सका'। यह शेर फ़ारसी ख़त में लिखा गया था लेकिन इसमें तीन लफ्जों के अलावा, जो मेरे ख़याल में, हिन्दी जानने वालों के लिए आम-फ़ाम है। अगर ऐसा नहीं है तो मेरे ख़याल में उनका हिन्दी का ज्ञान महदूद है। कुछ बरस पहले एक नज़्म नज़र से गुज़री थी। शायद अनुमान था—'बरसात'। पहली सतर थी—'दाता ऐसी रुत भी आये छाये घटा घनघोर' और कुछ बंद इस तरह थे—'गोरी जूड़ा बाँधे कसके, दोहरी हो हँस-हँस के। अँगड़ाई ले चोली मसके, पलटे नागिन जैसे डसके'। इस बात पर झगड़ा हो सकता है कि यह हिन्दी है या उर्दू। लेकिन आप जानते हैं कि यह कलाम जोश मलीहाबादी का है और यकीनन फ़ारसी ख़त में लिखा गया था। खैर यह हिन्दी-उर्दू अदबों के एक या अलग-अलग होने पर ग़ौर के लिए अच्छी मिसाल है।

यह सही है कि हिन्दी या उर्दू के माने-जाने लेखक या कवि हमेशा अपना पूरा साहित्य इस ढंग से नहीं लिख सकते। हमारे अदब में ख़यालों और कल्पनाओं की गहराइयों और ऊँचाइयों और समस्याओं का मैदान लगातार बढ़ता जा रहा है और अदीबों को ऐसे बहुत से लफ़्ज़ों की ज़रूरत होती है जो हमारी रोज़मर्रा की बोलचाल में काम नहीं आते। ऐसी हालत में हमारे अदीब अपनी जानकारी, आदत और अवसर को सही रंगत देने के ख़याल से कभी संस्कृत के, कभी अरबी-फ़ारसी के और कभी अंग्रेजी के भी शब्द इस्तेमाल कर लेते हैं। लेकिन ऐसे कुछ लफ़्ज़ों के कारण ही हमारे अदब या भाषा को जिसकी जड़ और तना एक है दो दरख़्त नहीं मान लिया जा सकता! मैं खुद छोटा-मोटा लेखक हूँ। मेरी रोज़ी मेरी किताबें या मेरी लिखी भाषा जनता को समझ और पसन्द आने पर ही निर्भर करती है, इसलिए हमारे अदब या भाषा के बारे में कुछ राय ज़ाहिर करने का हक़ मुझे भी होना चाहिए। मेरी राय है कि लेखकों को पूरी आज़ादी होनी चाहिए कि अपने ख़याल और कल्पनाओं को असर और खूबसूरती से पेश कर सकने के लिए अपनी पसन्द के लफ़्ज़ों और शैली का इस्तेमाल कर सकें। यह लेखकों पर छोड़ दीजिये कि वह अपनी बात कितने लोगों और कितनी दूर तक पहुँचाना चाहते हैं।

असलियत यह है कि आज हमारे अदब को भाषा के ख़याल से नहीं, बल्कि उसके ख़त से बाँटने की कोशिश की जा रही है। यह ख़त का ही सवाल देश के कुछ भागों में हिन्दी के साथ उर्दू के भी कानूनी तौर पर सेकण्ड लैंग्वेज माने जाने की माँग के आन्दोलन की बुनियाद है। यह सही है कि हमारे बहुत से अहम

लेखक अपनी सहूलियत और आदत से फ़ारसी रस्मुलख़त में लिखते हैं और उनसे बहुत ज्यादा नागरी लिपि में, लेकिन उनकी रचनाएँ दोनों ही लिपियों में छपती हैं। यह भी सब जानते हैं कि जो साहित्य फ़ारसी ख़त में लिखा जाता है वह बिना किसी तब्दीली के नागरी लिपि में छप जाता है। उस ख़त को नागरी लिपि में पढ़ने वालों की तादाद फ़ारसी ख़त में पढ़ने वालों से ज्यादा होती है और वे लोग उसे हिन्दी साहित्य समझ कर ही उससे रस लेते हैं। इसी तरह नागरी लिपि में लिखी जाने वाली रचनाएँ फ़ारसी ख़त में छप सकती हैं। खुद मेरी कई कहानियाँ इस तरह छप चुकी हैं, लेकिन आज नागरी में लिखा साहित्य फ़ारसी में बहुत ही कम छप रहा है। वजह है कि फ़ारसी ख़त पढ़ने वालों की तादाद इतनी कम है कि प्रकाशक इस ख़त में प्रकाशन से फायदा नहीं समझते। इस बारे में कुछ कहने का हक़ मुझे इसलिए है कि मैं अपना रिसाला 'विप्लव' या 'बागी' चार बरस तक दोनों ख़तों में छपवा चुका हूँ। ख़तों का फ़र्क़ होने पर भी हिन्दी-उर्दू पुकारी जाने वाली भाषा एक ही है। भाषा ख़त से नहीं जानी जाती। कोई भी भाषा किसी भी ख़त में लिखी जा सकती है। नागरी लिपि का मतलब हिन्दी नहीं है। नागरी लिपि में संस्कृत, मरांठो, नेपाली कई भाषाएँ लिखी और छापी जाती हैं। उर्दू का अपना ख़त नहीं, वह नागरी या फ़ारसी ख़त में लिखी जाती है।

केवल फ़ारसी लिपि में लिखे जाने या छपने वाले अदब को उर्दू कहना, उर्दू को हिन्दी से अलग करना, उर्दू के दायरे को तंग बनाता है और उसके साथ बेइंसाफी है। कुछ लोग उर्दू के मुहाफ़िज़ होने का दावा करते हैं और उत्तर प्रदेश, बिहार, मध्य प्रदेश और राजस्थान में उर्दू को सेकण्ड लैंग्वेज या दर्जा दोयम की जबान माने जाने का आन्दोलन चला रहे हैं। आख़िर उर्दू का दर्जा दोयम क्यों माना जाये? उर्दू की इस तौहीन में ही उर्दू की हिफ़ाज़त है। असल में हिन्दी-उर्दू एक हैं और बराबर हैं। उर्दू में से हिन्दी निकाल दी जाये तो उसका वजूद ही नामुमकिन है। पिछले सौ बरस से जिस भाषा और शैली में हिन्दी साहित्य रचा जा रहा है और जिस भाषा में मैं बोल रहा हूँ, उसमें से उर्दू या खड़ी बोली का पुट निकाल दिया जाये तो वह लँगड़ी हो जायेगी, वह आज की हिन्दी नहीं रहेगी, अवधी, ब्रजभाषा, मैथिली या बुन्देली बन जायेगी।

आज की हिन्दी-उर्दू इस देश की भूमि पर इस देश की जनता की ज़िन्दगी से पैदा भाषा है। हमारे लेखक अपनी सहूलियत से साहित्य रचना के लिए और जनता अपने काम-काज के लिए चाहे जिस ख़त या लिपि का इस्तेमाल कर सकती है। किसी भी ख़त में साहित्य के प्रकाशन पर कोई पाबन्दी या रुकावट हमें मंजूर नहीं हो सकती लेकिन इस देश की उपज उर्दू की पहचान फ़ारसी ख़त को बना देना जो इस देश की उपज नहीं है, उर्दू के साथ बेइंसाफी और जुल्म है और उर्दू को दर्जा दोयम की भाषा या अदब माने जाने का तक़ाजा भी गलत है। उर्दू-हिन्दी को अलग न किया जा सकने वाला जुज़ है और उसका वही स्थान है

जो हिन्दी का है। उसकी हिफ़ाज़त के लिए किसी आन्दोलन की ज़रूरत नहीं। आन्दोलन दरअसल है फ़ारसी ख़त के लिए कानूनी मान्यता की माँग का और यह बात ईमानदारी से कही जानी चाहिए।

लेकिन उर्दू को फ़ारसी ख़त की कैद में रखने की तहरीक उर्दू अदब के फैलाव और विकास में रुकावट ही डालेगी। मैं अभी हाल ही में केरल में देखकर आया हूँ कि वहाँ लोग सहर, मखदूम और मजरूह की ग़ज़लों और गीतों के रिकॉर्ड चाव से सुनते हैं लेकिन उसे हिन्दी म्यूजिक कहते हैं। वहाँ लोग कृश्नचन्दर, अब्बास और बेदी की कहानियों से भी वाकिफ़ हैं, लेकिन फ़ारसी ख़त की बदौलत नहीं, बल्कि धर्मयुग और सारिका में उन्हें नागरी लिपि में पढ़कर। मलयालम के इलाके में कई हिन्दी रिसालों और अखबारों की दस-दस हजार कॉपियाँ खप रही हैं। मेरा ख़याल है फ़ारसी ख़त में छपने वाले बहुत कम अख़बारों की इतनी बिक्री पूरे भारत में होती होगी। ज़ाहिर है कि उर्दू अदब को फ़ारसी ख़त से बाँधे रखने की जिद्द का नतीजा उस उर्दू का गला घोटना होगा।

हिन्दी-उर्दू के मामले में मातृभाषा या मादरी ज़बान का सवाल उठाना भी गलत नज़रिया है। अगर हिन्दी-उर्दू में मौजूदा चोटी के अदीब मादरी ज़बानों में ही लिखना शुरू कर दें तो कृष्नचन्दर, राजेन्द्र सिंह बेदी और साहिर पंजाबी में लिखेंगे। सुमित्रानन्दन पन्त कुमाउँनी में, भगवतीचरण वर्मा अवधी में, वृन्दावनलाल वर्मा बुन्देली में, अमृतलाल नागर गुजराती में और मुझे हिमाचल की पहाड़ी में लिखना होगा। प्रोग्रेसिव राइटर्स एसोसियेशन के सेक्रेटरी और आज की महफ़िल के कर्त्ता-धर्त्ता सज्जाद ज़हीर अवधी में लिखेंगे। जहीर भाई इस बात से इनकार नहीं कर सकते कि मम्मीजान लेडी वज़ीर हसन अवधी में ही बोलती थीं। हिन्दी-उर्दू में लिखेगा कौन? हिन्दी उर्दू का फ़र्क़ इतना ख़याली है कि पण्डित जवाहरलाल नेहरू कभी तय न कर सके कि उनकी भाषा हिन्दी थी या उर्दू। सन् 1961 की जनसंख्या गणना के मौके पर उन्होंने उलझन में अपनी भाषा हिन्दी-उर्दू लिखा दी थी, लेकिन माता स्वरूपरानी की भाषा क्या थी, अगर यह उनकी लिखावट से तय किया जा सकता है तो उनके हाथ के लिखे दो पत्रों के फ़ोटो रायकृष्णदास जी की पुस्तक में मौजूद हैं। इन पत्रों की लिपि नागरी है। मातृभाषाएँ तो बोलियों की शक्ल में सब देशों के अनेक इलाके-इलाके में अलग-अलग होती है, लेकिन एक देश में राजकाज की राष्ट्रभाषा और साहित्यिक भाषा एक ही होती हैं, जिसमें कई शैलियाँ मौजूद रहती हैं और पनपती हैं।

इसलिए मैं उर्दू अदब के खैरख्वाहों से अर्ज़ करूँगा कि जैसे हमारे साहित्यिक तंग ख़याली और बोसीदा रवायात की हदों को तोड़कर हमारे साहित्य को ऊँचा उठाने और बढ़ाने की कोशिश कर रहे हैं, हमारी जनता भी भाषा की राजनीति में तंग ख़याली को छोड़कर हमारे साहित्य और संस्कृत की तरक्की और विकास में रुकावटें न डाले।

लेखक के प्रतिनिधि का प्रिय पात्र

कथा लेखकों से प्रायः पूछ लिया जाता है कि तुम्हारी सृष्टि के सैकड़ों पात्रों में से किस पात्र ने तुम्हें सबसे अधिक उद्वेलित या प्रभावित किया, जिसे तुम्हारा मानसिक प्रतिनिधि या बिम्ब माना जा सके? लेखक को इस प्रश्न का उत्तर देने में कठिनाई या उलझन होती है। सामान्यतः समझ लिया जाता है कि लेखकों की सभी रचनाओं—कहानियों अथवा उपन्यासों के पात्र लेखकों के अपने जीवन के परिवेशों या आयामों में से उन्हें विशेष रूप से अधिकतम प्रभावित करने वाले व्यक्ति या ऐसे व्यक्तियों के प्रतिबिम्ब होते हैं। ऐसे अनुमान का कारण जान पड़ता है कि लेखकों की रचनाओं के विभिन्न पात्र पाठकों को न्यून या अधिक मात्रा में प्रभावित करते हैं या पाठकों की सराहना-सहानुभूति पाते हैं। पाठक सहज मान सकते हैं कि जिस रचना का जो पात्र सर्वाधिक जीवन्त और प्रभावी बन पड़ा है, लेखक ने उस पात्र के सृजन में या उसे प्रतिबिम्बित करने में अधिकतम तन्मयता से श्रम किया होगा। पाठक अनुमान करेंगे, लेखक का ऐसा पात्र उसकी प्रकृति, प्रवृत्ति, मान्यताओं और भावनाओं का सर्वाधिक प्रतिनिधि या मूर्तरूप होगा या लेखक ने ऐसे पात्र में स्वयं को सर्वाधिक न्यस्त करने का सन्तोष अनुभव किया होगा। लेखक की किसी एक रचना के लिए ऐसा अनुमान कुछ सीमा तक ठीक

हो सकता है, परन्तु अधिकांश लेखक अपनी कल्पना रचित समग्र सृष्टि के सम्बन्ध में ऐसा अनुमान स्वीकार नहीं करेंगे, मैं भी नहीं कर सकता। कारण कि कोई भी कथा लेखक अपनी विस्तृत से विस्तृत रचना में भी अपने सम्पूर्ण चिन्तन और भावनाओं के क्षेत्रों और दिशाओं को पूर्णतः समाहित नहीं कर सकता।

कभी एक ही सफल या सशक्त रचना में पाठकों को परस्पर-विरोधी प्रवृत्तियों या मान्यताओं के दो या अनेक पात्र समान रूप से जीवन्त या प्रभावी जान पड़ सकते हैं। रचना विशेष का एक पात्र अपने चरित और विचारों से अपने सृजन के अभिप्रेत के लिए पाठक समाज का समर्थन पाकर अपने जनक द्वारा निर्दिष्ट कार्य को पूरा करता है। क्या उसी रचना का अन्य पात्र (जिसे विरोधी या खलनायक भी कहा जा सकता है) अपने चरित से पाठक समाज में अपने सृजक द्वारा त्याज्य बनाये जाने के प्रति विरक्ति और विरोध भावना जगाकर अपने जनक के अभिप्रेत को पूरा नहीं करता? ऐसे भी उदाहरण हैं कि खल जान पड़ने वाला पात्र लेखक के प्रतिपादित के विरोध से, लेखक के अभिप्रेत के प्रकट समर्थक पात्र की अपेक्षा, लेखक के प्रयोजन को अधिक कौशल और सफलता से पूरा कर सके। ऐसी स्थिति में परस्पर विपरीत के प्रतिनिधि या मूर्त पात्र लेखक का उद्‌देश्य पूरा करने में समान रूप से उसके प्रतिनिधि या बिम्ब न होकर भी, क्या उसके वात्सल्य और आभार के समान अधिकारी नहीं होंगे?

एक और भी पक्ष है। सम्भवतः प्रस्तुत प्रश्न का समाधान अनेक लेखकों की विभिन्न रचना प्रक्रियाओं में पाया जा सके। अनुमानतः कथा रचना की प्रक्रिया दो तरह हो सकती है। कुछ लेखक तथ्य घटनाओं, स्थूल अनुभवों, स्थूल परिवेशों या भुक्त विषय-वस्तु से कथा रचना करते हैं। स्थूल अनुभवों, परिवेशों और विषय-वस्तु से अभिप्राय ऐसी भावनाओं, परिस्थितियों और घटनाओं से है जो रचनाकार को प्रत्यक्ष या स्थूल भौतिक अनुभवों या संवेदनाओं से अभिव्यक्ति को स्फूर्ति, उद्वेलन, आवेग या प्रेरणा देते हैं। स्वयं को यथार्थवादी कहने वाले कुछ लेखक स्थूल या तथ्य अनुभूतियों से उद्‌भूत या प्रेरित रचनाओं को भोगा हुआ लेखन भी कहते हैं और ऐसी रचनाओं को ही प्रामाणिक और यथार्थवादी मानना चाहते हैं। ऐसे रचनाकार, व्यक्ति और समाज के परिवेश में व्याप्त विचारों, भावनाओं, अप्रकट अन्तर्विरोधों, वैचारिक द्वन्द्वों और नये समन्वय की चिन्ताओं को उस समय तक यथार्थ नहीं मानना चाहते, जब तक वे तथ्य अनुभवों के रूप में प्रत्यक्ष न हो जायें या घटना रूप में उनका विस्फोट न हो जाये। सम्भव है, ऐसे स्थूल यथार्थ विषय-वस्तु से रचना करने वाले कथा-शिल्पी अपने कुछ पात्रों या पात्र विशेष को अपनी प्रेरणा के विशिष्ट स्रोत या अपने मन्तव्यों का विशिष्ट प्रतिनिधि या अपनी सतत छाया बता सकें। मैं ऐसी रचना प्रक्रिया पर निर्भर नहीं करता। अतः इसके विषय में अधिक न बता सकूँगा।

अनेक लेखक कथा रचना या अभिव्यक्ति की प्रेरणा के लिए प्रत्यक्ष तथ्यों, घटनाओं या स्थूल अनुभवों पर निर्भर नहीं करते। ऐसे लेखक अपनी चिन्तन दृष्टि या भावना की अनुभूति से अपने या समाज के परिवेशों, विचारों-व्यवहारों में अप्रत्यक्ष भावनाओं, अन्तर्विरोधों, असन्तुलनों, मान्यताओं के द्वन्द्वों और नये समन्वयों की तड़प के कारणों को अनुभव कर लेते हैं। ऐसे लेखक समाज में अन्तर्निहित व्याकुलता के घटना रूप में विस्फोट के पूर्व ही सूक्ष्मग्राही संवेदना से अनुभव कर सकते हैं और उसे अभिव्यक्त करने के लिए उद्वेलित या विह्वल हो जाते हैं। उनकी ऐसी अदम्य विह्वलता ही उनकी रचना की प्रेरणा बन जाती है। इस कोटि के लेखक के वैचारिक आवेगों की अभिव्यक्ति या उन्हें कथा का रूप देना उस समय बहुत श्रम-साध्य हो जाता है जब लेखक अपने विचारों से समाज के बहुमत या प्रबल पक्ष की मान्यताओं में भ्रम या अन्तर्विरोध अनुभव कर, समाज से लोहा लेने में समर्थ पात्रों की सृष्टि का यत्न करता है। ऐसे पात्रों के सृजन में रचनाकार को अपना वैचारिक अस्तित्व, अपनी कल्पना सामर्थ्य अपनी रचना में चरम सीमा तक उत्सर्ग या समाहित कर देना होगा। सतत सचेत अग्रद्रष्टा रचनाकार के सम्मुख उपर्युक्त स्थिति एक ही बार तो नहीं आती। समाज की प्रत्येक अवस्था या व्यवस्था में जीर्ण हो जाने पर अन्तर्विरोधों की उत्पत्ति से परिवर्तन की आवश्यकता के प्रति सूक्ष्म ग्राही संवेदीय लेखक को अन्य समस्याओं के परिहार के लिए कारण और हेतु व्याकुल करने लगेंगे। लेखक इस नये उद्वेग या अभिप्रेत की अभिव्यक्ति के लिए सम्भवतः पूर्वपिक्षा अधिक सप्राण और ओजस्वी, अपने नये मानसिक प्रतिनिधि या बिम्बों में समाहित हो जाने के लिए विवश हो जायेगा। ऐसी स्थितियों में लेखक के सामने अपने प्रिय प्रतिनिधि बिम्ब पात्र चुनने का प्रश्न कितनी बार आयेगा?

अपने अभिप्रेत की अभिव्यक्ति के लिए कल्पना से घटना रूप उदाहरण या घटना और घटना के लिए उपयुक्त पात्रों का सृजन करने वाले रचनाकार का प्रयत्न सफल हो जाये तो उसका कल्पना प्रसूत आख्यान, पाठकों पर प्रभाव की कसौटी से, तथ्य घटना या भुक्त लेखन से कम सफल न होगा। कथा साहित्य में ऐसे प्रचुर उदाहरण हैं।

प्रस्तुत प्रसंग में कल्पित घटना के लिए उपयुक्त पात्रों का सृजन भी कल्पना से ही सम्भव है। कल्पना भौतिक वस्तु नहीं—इसलिए कल्पना द्वारा पात्रों के सृजन में परिवेशों या दूसरी अड़चनों की सीमाएँ नहीं। इस रचना प्रक्रिया में कोई सीमा है तो रचनाकार के अपने अभिप्रेत की अभिव्यक्ति की और कल्पना से यथार्थ का आभास दे सकने के सामर्थ्य की। उपर्युक्त प्रक्रिया से रचनाकार का प्रयोजन सम्पन्न करने के लिए उसके कुछ पात्रों के लिए समाज की सराहना और सहानुभूति पा सकने योग्य व्यवहार आवश्यक होगा। उसी के अन्य पात्रों को अपने

सृजक द्वारा गर्हित त्याज्य के मूर्त बन कर पाठकों की घृणा, निन्दा पाने में सफल होना होगा। ऐसे पात्र अपने चरित्रों में परस्पर भिन्न और विरोधी होकर भी लेखक के अभिप्रेत के समान रूप से आज्ञानुवर्ती सफल साधक होंगे। लेखक के अनिष्ट को वाणी देकर या मूर्त बना कर उसे गर्हित और त्याज्य बना देने में सफल पात्र भी लेखक के आत्मज और अपने ही अंश होंगे। लेखक अपने प्रयोजन के लिए अनेक रूपों में विभिन्न भूमिकाएँ निबाह कर किस न्याय से अपने किस रूप या बिम्ब को प्रिय-अप्रिय बता सकेगा?

कहा जा सकता है कि लेखक अपने अभिप्रेत की स्थापना के लिए एक द्वन्द्व रचता है। द्वन्द्व के लिए दो पक्ष तो चाहिए ही, एक पक्ष लेखक की स्थापना का प्रतिनिधि और दूसरा पक्ष उसकी स्थापना का विरोधी। लेखक अपनी स्थापना की विजय के लिए स्वयं प्रसूत विरोधी चरित्र का पराभव या उसे बलि कर देता है। प्रश्न है, लेखक की जो मानसिक संतति अपने सर्जक के अभिप्रेत के लिए बलि हो गयी, लेखक की कृतज्ञता, वात्सल्य और आदर न पायेगी?

उपर्युक्त प्रश्न पर विचार के लिए तर्कजाल बढ़ाते जाने की अपेक्षा प्रश्न को व्यावहारिक रूप में लें। अन्य लेखकों के पात्रों की सफलता-असफलता की चर्चा के बजाय अपने ही पात्रों को प्रस्तुत करता हूँ। मेरा एक चर्चित उपन्यास है 'दिव्या'। अनेक विश्वविद्यालयों में उच्च कक्षाओं के लिए पाठ्य-पुस्तक होने के कारण साहित्यिक रुचि के लोगों के लिए परिचित उदाहरण हो सकता है। इस उपन्यास की प्रमुख पात्रा दिव्या कला-निष्णात, अति भावुक, सरल हृदया है। अपनी आस्था के लिए उसका साहस और दृढ़ता उसे पराजय और पीड़ा के भँवरों में डालते जाते हैं। समाज और जीवन व्यापार के क्षेत्र में असफल और तिरस्कृत होकर भी वह झुकती नहीं। उसका आत्मविश्वास विवेक और आस्था उद्ग्रीव रहते हैं।

इस उपन्यास की अन्य प्रमुख नारी पात्र है 'सीरो'। परिस्थितियाँ सीरो की स्पृहा को सुलभ अवसर के मार्ग प्रदान कर, उसकी स्पृहाओं को बढ़ाकर उसे विवेकहीन बना देते हैं। उसकी अबाध स्पृहा और अविवेक ही उसे कुछ समय के लिए कामना-पूर्ति के सिंहासन पर पहुँचा देते हैं।

इस उपन्यास का एक पात्र है 'पृथुसेन'—प्रखर बुद्धि, शूर, अपमान और अन्याय के प्रतिकार के लिए प्राणान्त संघर्ष के लिए उद्यत। परिवर्तित परिस्थितियाँ उसके मार्ग के अवरोध दूर कर उसके लिए सफलता का सोपान प्रस्तुत कर देती हैं। पद, अधिकार और सामर्थ्य की असीम लालसा और सफलता का उन्माद उसके विवेक को ग्रस लेते हैं। परिस्थितियों का दूसरा परिवर्तन उसे पराभव और प्राणसंकट में डाल देता है। शक्ति की स्पर्धा के उन्माद से मुक्त उसका पुनः जाग्रत विवेक भटक को पहचान कर शाश्वत सत्य का पथिक बनना चाहता है।

उपन्यास का एक पात्र 'मारिष' है। मारिष सन्तुष्ट, आत्मसम्मानी, अपरिग्रही

स्वभाव के कारण साधनहीन है, परन्तु याचक दीन नहीं। वह अपनी मान्यताओं पर अडिग और उनके उद्घोष में निर्भीक है। वह कथानक में कभी-कभी अकस्मात् आता है। परन्तु जब भी वह आता है, पाठक की स्मृति में उल्का की रेखा बना जाता है। विस्तार की आशंका में उपन्यास के केवल चार पात्रों का परिचय दे रहा हूँ।

उपन्यास का एक प्रसंग अति संक्षेप में—दिव्या अभिजात कुल की थी। वह पृथुसेन के शौर्य, उसके प्रति अन्याय में सहानुभूति, उस पर विश्वास, उसके आकर्षण की प्रवंचना में गर्भवती हो गयी। भाग्य या परिस्थितियाँ सीरो की मुट्ठी में हैं। प्रतिद्वन्द्विता में सीरो ने उसे ठुकराकर छद्म वेश में शरण खोजने के लिए विवश कर दिया। सद्यः प्रसूता दिव्या को मथुरा के एक पुरोहित ने क्रय कर लिया। पुरोहित की रुग्णा पत्नी अपने नवजात पुत्र की उदर पूर्ति में अक्षम थी। दिव्या के भूख से बिलखते पुत्र को उसके सामने रखकर उसका स्तन प्रवाहित हो जाने पर उसका स्तन स्वामी पुत्र को पान करा दिया जाता। दिव्या का पुत्र क्षुधा से मरणासन्न हो गया।

एक मध्याह्न में दासी दिव्या भूख से सिसकते अपने पुत्र को वक्ष पर लिये स्वामी गृह से भाग गयी। अपरिचित महानगर में भटकती अभागी दासी के लिए शरण कहाँ? उसे भिक्षाटन से लौटते भिक्षुओं का आह्वान बार-बार सुनाई दिया—संसार के संतप्त लोगों शान्ति और रक्षा के लिए बुद्ध की शरण आओ। धर्म की शरण आओ। संघ की शरण आओ। दासी दिव्या ने शरण के विश्वास से बौद्ध-बिहार के मुँदे द्वार के सम्मुख बार-बार गुहारा। बौद्ध आराम में नारी का प्रवेश निषिद्ध है। आर्त नारी की पुकार पर आराम के स्थविर द्वार के मुँदे कपाटों से प्रकट हुए। दिव्या ने स्थविर के चरणों में सिर रखकर अपनी सन्तान की प्राण रक्षा के लिए बुद्ध की शरण, धर्म की शरण और संघ की शरण की याचना की।

स्थविर ने शान्ति के संकेत से दिव्या ने पूछा—देवी, बुद्ध की शरण, धर्म की शरण और संघ की शरण की इच्छुक तुम कौन हो?

धर्मपिता, मैं इस असहाय सन्तात की माता हूँ—दिव्या ने अपने पुत्र की ओर संकेत किया।

स्थविर ने पूछा—देवी, क्या तुम्हारे धर्म और संघ की शरण ग्रहण करने में तुम्हारे पति की अनुमति है?

दिव्या ने उत्तर दिया—देव, दासी का पति नहीं है।

स्थविर ने पूछा—यदि पति नहीं है तो धर्म और संघ की शरण पाने में तुम्हारे पिता की अनुमति है?

दिव्या ने उत्तर दिया—भन्ते, पिता भी नहीं है।

स्थविर ने प्रश्न किया—देवी, यदि पति और पिता नहीं हैं तो संघ की शरण के

लिए तुम्हारे पुत्र की अनुमति है?

दिव्या ने अपना पुत्र सम्मुख कर दिया—देव, दासी का पुत्र अनुमति देने योग्य नहीं है।

स्थविर ने नेत्र झुकाये प्रश्न किया—यदि तुम दासी हो तो क्या तुम्हारा स्वामी तुम्हें संघ की शरण की अनुमति देता है?

दिव्या ने व्याकुल याचना की—नहीं भन्ते, दासी अपने पुत्र की रक्षा के लिए शरण माँगती है।

स्थविर ने सिर हिला दिया—देवी, धर्म के नियमानुसार स्त्री के अभिभावक की अनुमति बिना स्त्री को संघ शरण नहीं दे सकता।

स्थविर के उत्तर से आहत दिव्या ने पुनः साहस किया—परन्तु देव, भगवान् तथागत ने तो वेश्या अम्बपाली को भी संघ में शरण दी थी।

स्थविर ने उत्तर दिया—वेश्या स्वतन्त्र नारी है, देवी! स्थविर द्वार के भीतर अदृश्य हो गये।

उपन्यास पढ़ने के उपरान्त प्रख्यात बौद्ध दार्शनिक भदन्त आनन्द कौसल्यायन से भेंट हुई तो दिव्या-स्थविर संवाद के उल्लेख से बोले—बौद्ध धर्म के गाल पर क्या चाँटा लगाया है वाह! वाह!

दिव्या ने पाठकों से कितनी सराहना या सहानुभूति पायी है? अनुमान के लिए बता दूँ, पंजाब से केरल और मारीशस तक उपन्यास के अनेक पाठक परिवारों में बेटियों को दिव्या नाम दे दिया गया है।

स्व. राष्ट्रकवि मैथिलीशरण गुप्त (दद्दा) ने दिव्या अनेक बार पढ़ा था। साक्षात्कार होने पर मुस्कान से पूछ लेते—कहो मारिष, आजकल किस सत्य का निरूपण हो रहा है? इन दो उल्लेखों से दिव्या को नारी पक्ष में मेरी मान्यता और मारिष को पुरुष रूप में अपने प्रिय प्रतिनिधि मानने से मुनकिर नहीं हो सकता, परन्तु क्या यह दोनों ही मेरे प्रिय-पात्र हैं?

उपन्यास के चार ही पात्रों के परिचय के लिए वचनबद्ध हूँ। माना कि दिव्या और मारिष इस उपन्यास प्रासाद के मण्डप हैं, परन्तु इन दोनों मण्डपों के चरित की पूर्णता का बोझ प्रासाद की नींवों, अनेक भित्तियों, स्थूणों, उपस्थूणों—पृथुसेन, रुद्रधीर, सीरो-मल्लिका, धर्मस्थ, रत्नमाला, वैद्य, भिक्षु-चीवुक के बिना कैसे सँभलता? क्या उपन्यास के ये पात्र जिन्होंने आत्म-बलिदान कर मेरे अभिप्रेत की अभिव्यक्ति को सबल बनाया, मेरे मानसिक अस्तित्व के अविभाज्य अंश और प्रिय नहीं हैं?

संक्षेप का संकल्प है, परन्तु अधूरी बात से भ्रम की आशंका हो सकती है। क्या केवल दिव्या उपन्यास के प्रमुख पात्रों को ही अपने प्रतिनिधि और मानसिक बिम्ब मान सकता हूँ? मेरी अनुभूति यदि ऐसी होती तो दिव्या से पूर्व और पश्चात्

अपने अभप्रायों की अभिव्यक्ति के लिए 'झूठा सच' आदि दस अन्य उपन्यासों और सोलह कहानी-संग्रहों के पात्रों की सृष्टि के लिए व्याकुलता क्यों अनुभव होती? मेरे विश्वास में मेरी सम्पूर्ण रचनाओं के पात्र मेरे वैचारिक अस्तित्व के विभिन्न पार्श्वों के प्रिय प्रतिनिधि और मेरे ही बिम्ब हैं। केवल पाठकों की सहानुभूति पाने वाले पात्र ही नहीं, पाठकों की वितृष्णा और विरोध पाने वाले पात्र भी मेरे उतने ही प्रिय हैं। खल जान पड़ने वाले मेरे पात्रों ने ही मेरे मन्तव्य के प्रवक्ता पात्रों को अपने कन्धों पर उठाया है, इसलिए वे मेरी कृतज्ञता और वात्सल्य के कम अधिकारी नहीं।

यदि दम्भ न समझें तो कहूँगा, लेखक कथा की सृष्टि का ब्रह्मा है। ब्रह्मा कृष्ण के मुख से गीता में कहता है। शंकर, वल्लभाचार्य से लेकर तिलक, अरविन्द और संस्कृत जाने बिना भी एनीबेसेंट, गाँधी जी और आचार्य विनोबा अपने-अपने विचार से गीता की सैकड़ों व्याख्याएँ कर चुके हैं, तो मेरा दुस्साहस ही अक्षम्य क्यों? गीता में कृष्ण की उक्ति लेखक की स्थिति से दोहराता हूँ—

अनेकवक्त्रनयनमनेकाद्भुत दर्शनम्।
अनेकदिव्याभरणं दिव्यानेकोद्यभतायुधम्।।

(अध्याय 11, श्लोक 10)

मैं देश-काल अनुसार समाज-संचार को अनेक दृष्टियों से देखता हूँ और अनेक अवसरोचित वाणियों में समयानुकूल अभिव्यक्ति करता हूँ। अभिप्रेत को प्रकट करने के लिए मैं अनेक दिव्य और हेय रूपों और आभरणों में संघर्ष अथवा युद्ध के लिए उद्यत रहता हूँ। समय से विकसित और परिवर्तित होने वाले मेरे आत्मा के प्रकट बिम्बों में अभीष्ट अभिप्रेत ही समाहित है।

देश के प्रति दायित्व

समस्याओं, वस्तुस्थिति और तथ्यों पर विचार करते समय अनुभवों का प्रभाव हमारे चिन्तन और दृष्टिकोण पर अवश्य पड़ता होगा। यह बात केवल नितान्त वैयक्तिक प्रसंग में ही नहीं, समष्टि के क्षेत्र में भी लागू जान पड़ती है। इस अनुमान का आधार स्वयं मेरा अपना अनुभव है। इस प्रश्न को बहुत व्यापक स्तर पर लीजिये, उदाहरणतः देश का प्रश्न या देश के सम्बन्ध में किसी व्यक्ति अथवा समाज की धारणा और कल्पना।

इस प्रसंग में स्मृति से देश के सम्बन्ध में अपनी प्रायः पैंतीस-चालीस वर्ष की कल्पना या धारणा की बात कहना चाहता हूँ। इसे अहंकार नहीं, केवल तथ्य ही समझिए कि मैं उन कुछ प्रौढ़ लोगों में से हूँ, जिन्होंने सत्रह-अट्ठारह वर्ष की आयु में सन् 1919-20 में भी देश की समस्या पर विचार करने का यत्न किया था और देश की स्वतन्त्रता की चिन्ता की थी। उस समय विदेशी शासन की पराधीनता और दमन के जमाने में अपना देश शब्दों से, हमारे सामने भारत के मानचित्र के आधार पर इस देश की विस्तृत भूमि, पर्वतों, नदियों की कल्पना आ जाती थी और इस भूमि में बसे हुए आर्थिक, राजनीतिक दृष्टि से विवश और शिक्षा के अभाव तथा सामाजिक रूढ़ियों से निस्सहाय असंख्य नर-नारी के

समूहों की कल्पना आ जाती थी। हम अपने आपको उस समूह का एक कण अनुभव करते थे और उसकी भलाई के लिए व्याकुलता अनुभव करते थे। मुझे याद पड़ता है कि देश के सम्बन्ध में हमारी कल्पना इतनी ही थी, क्योंकि उस समय हम ज्ञान और अनुभव के आधार पर देश के सम्बन्ध में इससे अधिक नहीं जानते थे। इस देश की शासन व्यवस्था के प्रति हमारी भावना केवल असन्तोष और विरोध की थी। देश की रक्षा या सुव्यवस्था से हमें कोई प्रयोजन नहीं था। हम देश में उस समय शासन व्यवस्था को अव्यवस्थित और असफल देखना चाहते थे और अपनी सामर्थ्य भर सरकार को परेशान करना या उसे हानि पहुँचाना अपने स्वाभिमान के अनुकूल समझते थे, परन्तु आज अपने देश की कल्पना करते समय भारत के मानचित्र के आधार पर विस्तृत भूमि, नदियों, पहाड़ों और विराट् नर-नारी के समूह के साथ ही साथ मेरी कल्पना में उत्पादन की वृद्धि और जन-कल्याण की उन विराट् राष्ट्रीय प्रयत्नों की काल्पनिक रेखाएँ भी उभरने लगती हैं, जिनके द्वारा हम समर्थ, असन्तुष्ट राष्ट्र के रूप में जीवित रहने का प्रयत्न कर रहे हैं। आज देश की कल्पना के मेरे मानसिक चित्र में लाखों वर्ग मील भूमि की सिंचाई के आयोजनों के लिए बने विराट् बाँध, अपरिमित शक्ति वाहक नसों-नाड़ियों के रूप में बिजली को देश भर में ले जाने वाले ऊँचे-ऊँचे स्तम्भ, भिलाई, टाटानगर, हिन्दुस्तान मशीन टूल या हवाई जहाजों, इंजनों और सामरिक सामग्री उत्पादन के आयोजन भी दिखायी देने लगते हैं। इतना ही नहीं, इन सबकी प्राण-शक्ति के रूप में सबसे महत्त्वपूर्ण चेतना होती है अपने राष्ट्र की स्वायत्त सत्ता की और सत्ता के जनता के हाथों में जनता की इच्छा और निर्णय द्वारा हो सकने की और यह चेतना अपने राष्ट्रीय स्वत्व और सामर्थ्य को अक्षुण्ण तथा अधिक समर्थ बना सकने की चिन्ता का रूप ले लेती है।

सबसे बड़ा भेद दोनों स्थितियों में यह है कि उस समय एक भारतीय के नाते देश की व्यवस्था और सरकार पर मैं अपना कोई अधिकार अनुभव नहीं कर सकता था। इसलिए देश नाम की वस्तु के भौतिक अस्तित्व के प्रति अथवा इस भूभाग में शासन व्यवस्था के प्रति कोई वैयक्तिक अथवा समष्टि-राष्ट्रीय उत्तरदायित्व या दायित्व भी अनुभव नहीं करता था। स्थूल उदाहरण बता सकता हूँ। उन दिनों देश की शासन व्यवस्था के प्रति जनता के असन्तोष के कारण जब मैं रेलों, पुलों, सरकारी इमारतों अथवा सार्वजनिक सम्पत्ति के विध्वंस के समाचार सुनता था, सरकार के परेशानी में होने की कल्पना मुझे सन्तोष देती थी। उस समय मेरी कल्पना में यह चिन्ता न होती थी कि ऐसे विध्वंस से कष्ट तो देश के लोगों को ही होगा और इसके पुनः निर्माण में देश का ही धन पुनः व्यय होगा। इसका सीधा कारण यह था कि ऐसे सब साधनों के उत्पादन अथवा उनकी सुरक्षा के प्रति मैं कोई वैयक्तिक, समष्टि अथवा राष्ट्रीय उत्तरदायित्व अनुभव नहीं करता था। परन्तु

आज स्थिति सर्वथा भिन्न है। यदि समाचार मिलता है कि क्षुब्ध उत्तेजित भीड़ ने बसें, रेलवे स्टेशन अथवा डाकघर का नुकसान कर दिया तो बहुत चिन्ता होती है, यह वस्तुएँ तो रोज़मर्रा के जीवन के लिए आवश्यक हैं। अभी तो हम ऐसी वस्तुओं को पर्याप्त मात्रा में ही नहीं बना पाये। बने-बनाये का विध्वंस कितनी बड़ी मूर्खता है। संकट यह है कि मैं अपने आपको ऐसी मूर्खता करने वाली जनता का अंश मानने के लिए भी मजबूर हूँ। मुझे ऐसी अनुभूति होती है कि हम घर के लोग किसी मतभेद पर झगड़ पड़ें और परस्पर क्रोध में अपने छप्पर को आग लगा दें। हम क्षुब्ध उत्तेजना में अपना घर फूँक रहे हैं और कल मुँह लटकाकर फिर बनाने का यत्न करेंगे? अपनी स्थिति सुधार सकने में पिछड़ जायेंगे। यदि हम व्यवस्थापकों से असन्तुष्ट हैं तो क्रोध में अपना सिर तोड़ने की अपेक्षा धैर्य से उनके सामने अपना दृष्टिकोण रखें। वे नहीं मानते तो कल नहीं तो परसों हम उन्हें चुनाव द्वारा हटा सकेंगे।

आज मुझे प्रश्नों को, जीवन के प्रयत्नों को केवल वैयक्तिक दृष्टिकोण से देखना बहुत बड़ी मूर्खता जान पड़ती है। यदि देश में अपर्याप्त अन्न के कारण कठिनाई है तो उसे दूर करना आवश्यक है। यह देश में करोड़ों टन अन्न के उत्पादन को बढ़ाने का काम है। मुझे युद्ध और जनसंहार से बहुत विरक्ति है, परन्तु यह भी जानता हूँ कि आत्मरक्षा के लिए पूर्णतः तैयार न रहना बहुत बड़ी आत्मघाती मूर्खता है। देश की सामरिक सन्नद्धता भी अरबों रुपयों और लाखों मनुष्यों के श्रम का प्रश्न है। संक्षेप में कहूँगा कि समुच्चय अथवा राष्ट्रीय रूप से निर्बल देश रहना, जीवित रहने का अधिकार खो देना है। देश के उत्पादन और सुरक्षा के सामर्थ्य की वृद्धि राष्ट्रीय कर्त्तव्य है, परन्तु उनमें योगदान तो व्यक्ति को ही देना है। जिस कर्त्तव्य को हम राष्ट्रीय कहते हैं, वह कर्त्तव्य प्रत्येक व्यक्ति का होता है। यह सोचना कि ऐसे विराट् आयोजन में व्यक्ति का कुछ महत्त्व नहीं, बहुत बड़ी मूर्खता है। राष्ट्र के सभी व्यक्तियों का देय ही राष्ट्रीय कर्त्तव्य होता है। राष्ट्रीय कर्त्तव्यों की पूर्ति वैयक्तिक स्तर से ही आरम्भ होती है। मैं मानता हूँ, मेरे जैसा मामूली व्यक्ति देश की सुरक्षा के लिए एक सामरिक विमान या टैंक नहीं बना सकता या अन्न प्राप्ति की वृद्धि के लिए नहर नहीं खोद सकता, परन्तु इन आवश्यक वस्तुओं के लिए राष्ट्रीय सामर्थ्य के संचय में व्यक्ति का ही योगदान होगा। उदाहरणतः मैं दायित्व अनुभव करता हूँ कि करों के रूप में उनकी मात्रा चाहे जितनी क्षूद्र हो, मुझे उसे उत्साह से राष्ट्रीय भण्डार में देना चाहिए। इसी प्रकार राष्ट्रीय सामर्थ्य की वृद्धि के लिए जितने प्रकार की बचत हो सकती है, उसमें भी मुझे पूर्ण योग देना चाहिए। मामूली जान पड़ने वाली मेरी किसी भी कोताही से देश के भाग्य का पासा इधर से उधर पलट जाने की आशंका बनी रहती है।

मैं क्यों लिखता हूँ?

अपनी चेतना और विश्वास में सदा सप्रयोजन ही लिखता रहा हूँ। यह तो नहीं कह सकता कि मैंने बहुत अधिक लिख डाला है, परन्तु मेरी प्रकाशित रचनाएँ इतनी अवश्य हैं कि बहुत-से लोग मुझे लेखक के रूप में जान गये हैं। ऐसे भी अनेक पाठक हैं जो रचना पर लेखक का नाम देखे बिना रचना की शैली, विषय-वस्तु और निष्कर्ष से मेरी रचनाओं को पहचान सकते हैं। इस पर भी यदि यह बताना पड़े कि मैं क्यों लिखता हूँ तो ऐसा जान पड़ता है कि लिखने के मेरे प्रयत्न अधिक सार्थक नहीं हुए। इसलिए अब बहुत स्पष्ट उत्तर दूँ :

मैं जीने की कामना से, जी सकने के प्रयत्न के लिए लिखता हूँ। बहुत चतुर और दक्ष न होने पर भी यह बहुत अच्छी तरह समझता हूँ कि मैं समाज और संसार से परान्मुख होकर असांसारिक और अलौकिक शक्ति में विश्वास के सहारे नहीं जी सकूँगा। इसलिए मैं जी सकने की कामना में, जी सकने के प्रयत्न के लिए समाज और संसार की ओर देखता हूँ, उनसे अपना, हेतुभाव का अटूट सम्बन्ध अनुभव करता हूँ। मेरा सुनिश्चित दृढ़ विश्वास है कि मैं समाज और अपने समाज के व्यक्तियों के प्रतिक्षण सहयोग और सहायता के बिना क्षण-भर भी नहीं जी सकूँगा, इसलिए मैं जीवन की

प्रक्रिया और जीवन के मार्ग में अनुभव होने वाली अड़चनों और उचित तथा विकासशील जीवन की सम्भावनाओं के सम्बन्ध में अपना दृष्टिकोण अपनी रचनाओं द्वारा समाज के सम्मुख रखने का आग्रह करता रहता हूँ। मैं अपनी अभिव्यक्ति और रचनात्मक प्रवृत्ति को सामाजिक भावनाओं और परिस्थितियों से स्वतन्त्र आत्मनिष्ठ प्रवृत्ति अथवा अपनी आत्मा की पुकार नहीं समझता।

अपनी अभिव्यक्ति अथवा रचना-प्रवृत्ति को मैं अपने समाज की परिस्थितियों, अनुभूतियों और कामनाओं की सचेत प्रतिक्रिया ही समझता हूँ और उन्हें अपनी चेतना और सामर्थ्य के अनुसार अपने सामाजिक हित के प्रयोजन से अभिव्यक्त करता रहता हूँ।

□□□